湖湘宗祠

何满宗

聚焦建筑遗产保护
观察传统文化走向

武吉海 著

湖南美术出版社
·长沙·

进乡风文明的载体。

近代以来，湖湘大地人才辈出。一大批三湘风云人物，为拯救、振兴中华，舍生取义，奋斗终生。这批挽狂澜于既倒的先烈、先贤和先辈，有的被家族宗祠和名人专祠供奉，成为对青少年进行爱国主义教育的生动教材。

习近平总书记多次强调，要继承发扬中华优秀传统文化，“要重视家庭建设，注重家庭、注重家教、注重家风”，这为宗祠文化在新时代发挥作用指明了方向。我们要牢记习近平总书记的教导，不断让宗祠文化主动融入社会主义核心价值观，使宗祠文化能够跟上时代步伐，在乡村振兴、国家发展中实现它的文化价值，发挥它应有的作用。

《湖湘宗祠》一书对宗祠文化现状和未来的思考，或许能为世人观察中华传统文化提供一个多元视角，从而为文化遗产的永续利用助一臂之力。

言不达意，权且为序。

（中共湖南省委原副书记、《湖湘文库》编委会主任）

2022年9月2日

重视弘扬传承中华优秀传统文化

吉海同志在从事关心下一代工作之余，挤出时间，历经六个寒暑，付出巨大心血，为社会奉献了一部具有较强专业性和较高学术价值与实用价值的书稿《湖湘宗祠》，十分难得。

习近平总书记十分重视中华优秀传统文化的继承，提出了“坚持把马克思主义基本原理同中国具体实际相结合、同中华优秀传统文化相结合”的重要论断。留存在湖湘大地的一批家族宗祠和名人专祠，是文化的富矿、艺术的宝库，其中不乏中华优秀传统文化的精华。那一座座精美的建筑，一条条言简意深的家训、警言、族规民约，一件件带有标志性的珍贵物品，一个个口口相传的故事，无不承载着厚重的建筑文化和礼仪文化，诠释着族人教化、济困助学、基层治理的特有功能，彰显着忠孝廉洁、慎终追远、友邻睦族、耕读传家、乐善好施、扶贫济困的价值观念，体现着“心系天下，敢为人先”“经世致用，忠诚担当”“吃得苦，霸得蛮”的湖湘精神，至今仍然熠熠生辉。深入挖掘和研究宗祠文化，吸收其中蕴含的积极因素，并赋予新的时代内涵，引导其融入社会主义核心价值观，对于修身齐家、立德树人，特别是教育引领青少年弘扬中华优秀传统文化、扣好人生第一粒扣子；对于引导人心向善，匡正社会风俗，改善政治生态；对于辅助基层治理、化解矛盾纠纷，促进社会和谐，都可以发挥不可替代的作用。

吉海同志的这部书稿，把我们带进宗祠文化这座宝库，为我们正确认识宗祠文化，体悟其中的深刻意蕴，进而取其精华、润心启智，打开了一扇大门。我们感谢他为社会做了这件功德无量的事。

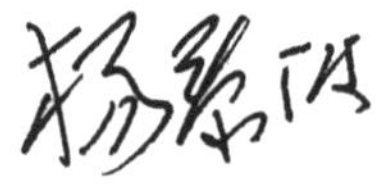

（湖南省关工委主任，湖南省委原常委、秘书长）

2022年11月

引　言

——细品湖湘宗祠文化

前些年，在调查湖南传统村落保护的过程中，我发现湖湘大地留存的家族宗祠和名人专祠不少是集一个时代建筑、雕塑、绘画、书法等技艺之大成的精品。依靠民间力量传承下来的宗祠文化，虽经社会变革屡次冲击，仍然具有扑倒再起的顽强生命力。这引发了我深入调查探究个中缘由的兴趣。从2016年开始，在湖南省政协和文物部门同志的帮助、指导下，我陆续调查、采访、拍摄、记录了湖南省域70余个姓氏的110多座具有一定代表性的宗祠、专祠，从中了解宗祠建筑遗产保护情况，观察宗祠文化传承的历史走向。

我把调查、关注的重点摆在三个方面。一是宗祠建筑遗产保护现状，包括宗祠维护、修缮、防火安全、资金筹措、管理机制等方面遇到的困难和问题，以及政府与民间力量在推动保护方面的互动。二是宗祠文化传承在近代以来的遭际，包括族长、族权治理的沿袭与兴废，宗族、宗祠理事会的运作，宗祠在组织祭祖、撰修族谱、扶困助学、族人婚丧、文化娱乐、财务管控等方面的运行情况。三是社会转型对宗祠文化存续的影响，包括新中国成立后宗祠祠产遭遇的分解、产权和用途变更、拆除损毁，族权退出乡村治理等。改革开放后宗祠文化再度复活，近年来其积极因素逐渐成为乡村社会基层治理的辅佐，宗祠文化的有益成分与社会主义核心价值观相互融合。

6年多来，我接触、采访的对象，较多的是宗祠理事会或管委会正副会长、理事会成员、宗祠守护者、乡村干部，以及政府文物、文旅部门、政协文史部门及关心下一代工作委员会的同志。在这些人员里面，有一批醉心保护宗祠遗产、族产，传承宗祠文化，不惜出资出力，令人尊敬的长者。我的调查、采访、拍摄在这些人士身上着力较多，意在记录他们执着坚守的倾心赤诚和乐于奉献的精神风貌。我采取的调查方式主要是影像拍摄与文字记录。

走进那些构造壮阔、光彩夺目、文化厚重的宗祠，无人不赞叹设计者的良苦用心和能工巧匠的非凡技艺。先人倾其所能，在明清、民国时期建造的精美宗祠，给后人留下了一个时代的文化丰碑。这些耸立在乡间、城镇的旧时代礼制性建筑，展示了中华文明的博大精深。它所承载的建筑文化和礼仪文化，使来访者和朝拜者肃然起敬，心旷神怡。

历史上，民间宗祠最初是因人口聚族而居、家族祭祖睦族需要而修建的。随后，它逐渐拓展出族人教化、济困助学、基层治理等功能。几经演进的宗祠文化，蕴藏了人口流动、族群迁徙、创业发迹、民间信仰、社会风尚等乡村发展变迁的诸多信息。细品湖湘宗祠

祁东县双溪公祠

文化的前世今生，可以照见中华农耕文明的凡人微光。

宗祠在旧时代主要用于家族祭祖、教化、兴办族学，遭灾和战时用来赈灾、驻兵。一批出过先烈、先贤，承载红色基因的宗祠，在新时代成为对后人进行爱国主义和革命传统教育的基地。有的宗祠被利用起来，作为村民休闲娱乐，举行文化、科技及非遗传承活动的场所。

从宗祠文化活态传承上观察，宗祠产权归属于族人，有热心人士牵头理事、经济基础比较好的地方，宗祠活动开展得经常些。从地域上看，湘西、湘南、湘东一带的宗祠，民间保护的力度大一些。乡村宗祠相比城镇宗祠，族人参与宗祠管护及宗祠活动要踊跃一些。乡村财富积累到一定阶段，乡贤、村民对文化传承和精神家园的关注开始升温。

深入采访遇到的护祠典型告诉我们，当时代大潮扑来时，总会有人挺身而出，保护先祖留下来的文化遗产。这些人或是基层干部，或是平民百姓。他们虽然身处底层，文化程度不高，但心存敬畏，敢于逆向而行，以各种方式担当起社会动荡时保护宗祠遗产的责任，使一批具有历史、艺术、科学价值的宗祠免于破坏、拆毁。

南方宗祠用材主要是砖木，不少宗祠遭遇火灾、弃管、毁损后，多次修复、修缮，乃至在原址扩建、重建。20世纪80年代以来，国家对宗祠文化遗产采取保护、利用的方针，加上乡贤的推动，使部分地区的宗祠修复出现活跃局面。在文物部门的指导下，宗祠遗产规模较大的工程一般聘用专业古建队施工，按照最少干预、尽量使用原来的建筑材料和建筑工艺、修旧如旧的原则进行修缮。规模较小的修缮主要依靠熟悉传统工艺的农村工匠。

人心向善是宗祠文化得以传承的内生动力。一些宗祠理事会的会长、理事长，其父辈乃至祖辈就有奉行忠孝、乐善好施的传统。他们认准为宗祠牵头捐资做事是回报先祖和族人，付出是值得的。给宗祠打义工的老头、老太太，有的长年累月帮忙出力，只求个心安理得。外出打工返乡的年轻人，自愿捐款维修宗祠，参与祭祖、修谱、扶贫助学，显现了年轻一代对传统文化价值的依恋和回归。

走访这些虔诚的守护者，可以感受到人间的温暖、爱心、善行与正气，体会古人“积善之家必有余庆，积不善之家必有余殃”的劝导，领略先贤钟爱“诗书传家久，勤俭继世长”的深意。

供奉湖湘先贤的宗祠，许多祖训、家训、警言蕴含着“心系天下，敢为人先”“经世致用，忠诚担当”“吃得苦，霸得蛮”的湖湘精神。近代以来，湖湘大地人才辈出，三湘上空群星灿烂。先贤创立和发扬光大的湖湘文化，一度耀眼夺目，惠及苍生。在收复新疆、台湾，抗击外来侵略，致力拯救、振兴中华而掀起的革新、革命和建设浪潮中，湖湘先贤作出了前无古人、后有来者的卓越贡献。这些先贤的功勋，至今在宗祠中熠熠生辉，受到后人的尊崇与怀念。

在调查过程中，市、县政府部门同志对宗祠文化存续价值的看法较为客观透彻。一些同志认为：一、宗祠文化中扬善惩恶的积极因

吉首市乾州古城杨氏宗祠，又称“九福堂”

素可为基层治理走向法治、德治、自治相结合注入正能量；二、宗祠文化注重发挥乡村德高望重长老的斡旋协调作用，有利于族群、村民团结和谐，化解基层矛盾，维护现存治理秩序，促进乡风文明建设；三、就治理层级而言，新中国成立后改变了历史上皇权治理不下县的格局，现行政权力覆盖与财政供给已经到达村主干（村主要干部）一级，再扩大至村民小组，今后财力恐难以为继，实行村民自治，传统的宗祠文化具有较大的拾遗补缺空间，同时辅助治理的行政成本也相对低一些；四、村组举办大型文化娱乐、教育及科技培训活动，为村民、族人料理婚丧嫁娶，确需祠堂、公厅、礼堂这样的公共建筑，这是有些地方将宗祠拆除再重建的重要缘由。也有一些基层干部建议，对宗祠活动应加强管理和引导，将此纳入农村基层治理轨道，防止因管理失控使宗族势力坐大。

政府包括文物部门的同志，近年来一直在努力推动湖湘宗祠文化遗产的保护利用。国家和省级层面，对已经列为国家、省级重点文物保护单位的宗祠，资金投入与制度化保护的力度在加大，机制在逐步完善。这是一个可喜的势头。但尚有一些纳入市、县级文物保护单位的宗祠，因资金缺乏和管理滞后，毁损加快，有的已经倒塌，造成令人痛心的损失。在一些宗祠产权不明确或族人没有实力牵头维护的地方，宗祠遗产保护现状堪忧，有的岌岌可危。一些宗祠管委会或旅游公司主持的宗祠维修不太规范，使原有建筑的历史品位衰减。前几年的市、县政府机构改革，文化、文物部门与旅游、广电、新闻出版合并，基层文管部门人手减少，资金紧张，工作捉襟见肘。这些问题应该引起各级政府的重视和改进，这也是湖湘宗祠文化保护利用调查的指向所在。

这些年的调查走访，所见所闻，触发了一些引人深省的感悟与思考。

先贤对宗祠的设计，可谓博大简约，意蕴深远。宗祠建筑的庄严肃穆，宗祠建筑文化与礼仪文化的交相辉映，在历史长河中形成的忠孝廉洁、慎终追远、友邻睦族、耕读传家、扶贫济困等价值观念，影响了一代又一代人，对维系中华民族的生生不息起到了重要作用。

从宗祠文化遭受波折又再显生机的表象中，能窥见人民对美好安宁生活的不懈追求。人，总生活在希望里。故乡宗祠承载着外出打拼游子的乡愁，它有童年的记忆，有老一辈的期许。这些年，中国社会向市场经济急剧转型，追名逐利喧嚣声起，人与人之间的关系出现裂缝、纠结，社会诚信不时退缩，而空泛的说教一时又难以匡正时弊。经过历史洗磨沉淀下来的宗祠文化，它的一些理念、价值比较贴近老百姓的日常生活，其做人做事要对得住天地良心、对得住先祖家人等朴素认识和基本要求，凝聚着人民对美好安宁生活的追求与希望。对平民百姓来说，宗祠文化中的家训、礼仪、劝导和祠规民约，其唤醒良知的功效似乎比单纯讲大道理管用一些。从部分“五老”（老干部、老战士、老专家、老教师、老模范）从事关心下一代工作的实践看，增强青少年思想道德教育的针对性、有效性，仅靠传承红色基因教育还不够，还需从中华优秀传统文化中获取养分。

农耕文明孕育了宗祠文化，也为时人返璞归真提供了参照物。当下求学、择业、谋生竞争风高浪急，不想躺平者须奋勇向前。熟人社会向陌生人社会转型，出现诸多不确定因素，工业化、城镇化的推进和移动互联网时代的技术升级，消解了传统社会的城乡藩篱和朴实交往，给年轻一代带来多重挑战。接踵而来的激情与冲动、焦躁与茫然，成为躲不开的常态。宗祠先贤看清富贵荣华转眼间灰飞烟灭的悟性，在危机逼近时的淡定自若，宗祠文化所倡导的简朴生活、知足常乐、宽容息争、仁义诚信，或许可给躁动不安的年轻人一些心灵慰藉，使之能从容面对世事无常和人生起落。

汝城县马桥镇石泉村胡氏宗祠大门上悬挂着诰授显祖的“尚书第”匾额

洞口县洞口镇萧氏宗祠匾额

从中外文化比较上剖析，宗祠文化有因循守旧、不利创新的一面，但它对调节人际关系、改善乡村风气、维护治理秩序具有积极作用。儒家的进取处世、道家的崇尚简朴、佛教的劝善弃恶，在宗祠文化中都能找到因子。这些思想元素经过长期浸润，已深植民间。欧美维系社会治理秩序，思想道德上依靠文学、哲学、神学多元给力。欧美多数知识分子借科学谋取生计，以神学（宗教）安放心灵。当下中国社会转型中出现读书人言不由衷、官员越轨、社会诚信缺失等偏向，治理施策除加强理想信念教育外，恐需法治、德治、自治多方协力。如需深入探究人生的价值、意义，宗祠先贤的一些古训或许可助一臂之力。

比起父辈、祖辈生活的年代，如今的衣食住行和公共服务已大为改善，先贤期盼的丰衣足食、安居乐业景象，已经来到人世间。但物质的丰裕并不意味着烦恼的减少，发展有时比不发展面临的问题更为复杂。况且，发展本身也会遭遇波折。从宗祠文化养分中获取删繁就简、以丰补歉、择善而从的人生智慧，以中华优秀传统文化历久弥新的精神魅力来化解使人揪心、彷徨的纠结，给身处社会转型期奋进前行的人们以提醒、开导，这恐怕是当下宗祠文化复苏的重要动因。

透过历史长河的人间镜像，官员贪腐、为富不仁，古来有之。一些世俗弊病久治不愈，根子出在部分社会精英对道德、法纪缺乏敬畏之心，出在这些人心底甘泉枯竭。宗祠文化在浇灌心田、激活正气、改善政治生态、匡正社会风俗上，对社会精英具有一定的警戒治本作用。20世纪90年代初，有学者提出："中国的现代化，中国社会的未来发展，在很大程度上取决于人们对村落家族文化取何种态度，对村落家族文化的变化如何应变。"（王沪宁著《当代中国村落家族文化——对中国社会现代化的一项探索》）借助宗祠文化中的积极因素唤起世道人心，从宗祠文化中寻找治理资源，对新时代治腐防变乃至对出事官员的心灵救赎，或许有着不一般的现实意义。

经过五四运动百余年来对中国传统文化的思辨取舍和再认识，社会精英阶层对传统文化的认知逐步趋向客观和理性。建立起中华民族的文化自信，是实现国家治理体系和治理能力现代化，实现我党可持续执政、中华民族可持续发展的必要支撑。习近平总书记关于"坚持把马克思主义基本原理同中国具体实际相结合、同中华优秀传统文化相结合"的重要论述，为宗祠文化优秀基因融入国家治理体系指引了方向。在基层党组织的领导下，宗祠文化朝着兴利除弊、辅助基层治理、建设乡风文明的正道坦途发挥作用，宗祠文化传承可以找到行稳致远的坐标。一个开放、包容、不断改革的社会，正在为中华优秀传统文化在新时代的弘扬开辟广阔前景。

武吉海

2022年9月15日

目 录

我观湖湘宗祠 001

一 浏阳市文家市镇玉泉村蔺氏家庙冬至祭祖 003

二 浏阳市龙伏镇泮春村周氏祖祠冬至祭祖 015

三 浏阳市大围山镇李氏家庙 025

四 浏阳市大围山镇刘氏宗祠 031

五 浏阳市大围山镇鲁氏家庙 037

六 浏阳市胡氏家庙、谭嗣同烈士祠、汤氏宗祠 042

七 宁乡市沩山乡高氏宗祠 051

八 长沙县常家祠堂、彭家祠堂、杨公庙 055

九 长沙市岳麓区忠烈祠 067

十 炎陵县水口镇叶家祠堂、朱家祠堂 073

十一 醴陵市耿传公祠、潘氏宗祠、彭氏家庙 080

十二 攸县程氏、颜氏、单氏、贺氏、洪氏宗祠 091

十三 韶山市毛氏宗祠 101

十四 湘潭县尹氏宗祠 108

十五 湘乡市褚公祠 117

十六 湘潭市雨湖区刘道一烈士祠 123

十七 衡阳市黄氏、蒋氏、龙氏、莫氏宗祠 126

十八　衡东县荣桓镇南湾村罗氏祖祠（异公享祠、壶山公祠、令德公祠）135
十九　常宁市庙前镇中田村李氏宗祠　141
二〇　耒阳市蔡侯祠，梁氏、谢氏、贺氏、欧阳氏宗祠　148
二一　祁东县魁公祠、双溪公祠　157
二二　洞口县高沙镇曾氏宗祠（曾八支祠）　163
二三　洞口县石江镇谭氏宗祠　169
二四　洞口县洞口镇萧氏宗祠　177
二五　洞口县石江镇钟元帅庙　183
二六　隆回县西洋江镇湖公祠　190
二七　武冈市霍氏、苏氏、欧氏、匡氏宗祠　198
二八　城步苗族自治县蓝氏、杨氏宗祠　207
二九　邵阳市大祥区张氏、朱氏宗祠　215
三〇　湘阴县左文襄公祠、左太傅祠　221
三一　平江县浯口镇江氏宗祠　227
三二　平江县三市镇余氏宗祠　233
三三　平江县伍市镇姚氏宗祠　238
三四　汨罗市白水镇闵氏宗祠　244
三五　汨罗市屈子祠镇屈子祠祭屈仪式　249
三六　石门县所街乡覃氏祖祠　257
三七　桃源县渊明祠　264
三八　桑植县洪家关白族乡王氏祖祠　271
三九　桑植县刘家坪白族乡谷氏宗祠　276
四〇　安化县江南镇茅坪村陶氏宗祠　283
四一　桃江县薛氏、詹氏、萧氏、刘氏、龚氏宗祠　290

四二　桂阳县黄沙坪街道沙坪村欧阳氏宗祠　302
四三　桂阳县流峰镇下阳村欧阳氏宗祠　305
四四　汝城县马桥镇石泉村胡氏宗祠　309
四五　汝城县马桥镇外沙村朱氏宗祠　318
四六　汝城县土桥镇金山村卢氏家庙、叶氏家庙　324
四七　汝城县文明乡沙洲村朱氏宗祠　332
四八　桂东县扶氏宗祠、母公祠　338
四九　江永县兰溪瑶族乡勾蓝瑶寨蒋氏、周氏、何氏宗祠及水龙祠　345
五〇　江永县夏层铺镇上甘棠村周氏宗祠　353
五一　宁远县禾亭镇琵琶岗村肖、刘氏公祠　361
五二　宁远县湾井镇路亭村云龙坊与王氏虚堂　367
五三　宁远县湾井镇下灌村李氏宗祠、诚公祠　372
五四　江华县大圩镇宝镜村何氏宗祠　381
五五　溆浦县龙潭镇吴氏宗祠清明祭祖　386
五六　溆浦县龙潭镇谌氏、李氏、王氏宗祠　393
五七　会同县梁氏、杨氏宗祠　401
五八　洪江市黔城镇唐氏、孙氏、廖氏、邓氏、孟氏、邱氏、冯氏宗祠和怀德祠（灶王宫）　407
五九　双峰县荷叶镇葛氏、屈氏宗祠及曾氏家庙　417
六〇　涟源市杨家滩镇彭氏宗祠　427
六一　吉首市乾州街道杨氏宗祠（九福堂）　435
六二　泸溪县浦市镇李氏、吉氏宗祠　441
六三　凤凰县沱江镇田氏宗祠　450
六四　凤凰县沱江镇杨家祠堂　453

六五　凤凰县沱江镇陈氏宗祠　459

六六　永顺县灵溪镇老司城村彭氏宗祠（土王祠）　465

只有主动融入时代　宗祠文化才有光明未来
——宗祠文化调查启示　471

宗祠文化传承究竟能走多远
——再探湖湘宗祠文化　479

转益多师是吾师
——关于湖湘宗祠文化的认识、讨论与回应　487

后记　497

我观湖湘宗祠

历史上遗留下来的湖湘宗祠是中国乡土建筑中的精品，它集那个建造时代的工艺、材料之大成。这批珍稀建筑文化遗产寄托了族人祭祖感恩、依恋故乡的精神追求。中华传统文化视宗祠为先人的灵魂安放之所。

宗祠，又称祠堂、祖祠或家庙，是族人祭祀祖先、先贤的场所。它起源于周代宗庙，经汉代墓祠、唐代家庙、宋代家祠的演进，明嘉靖朝允许民间联宗立庙，祠堂作为祭祖、议事的民间权力机构开始兴盛，清朝修祠撰谱风行于南方地区。现存的湖湘古祠堂多为明清时所建。

洞口县洞口镇萧氏宗祠大门，中门为四柱五楼，门楣镂雕双凤和三龙戏水，门匾阴刻“萧氏宗祠”，上有竖行隶书“兰陵会馆”

武冈市苏氏宗祠戏楼

宗祠属礼制性建筑，一般按大门—享堂—寝堂的规制布局。多数宗祠分三进，前进称仪门、门厅，祭祀时供鼓乐之用，两厢设有马房或祭品库，规模宏大的宗祠仪门多为重檐歇山式。二进为享堂，是举行祭祀和家族议事的场所。三进为寝堂，用于供奉始祖造像和先祖牌位。享堂前有天井。大的宗祠前厅建有戏台，厅堂两侧和后院建有厢杂房，供族人祭祖、议事、娱乐、聚会、开餐之用。宗祠门厅、封火山墙、戏台、梁柱多有技艺精湛的砖木石雕刻及人物故事、花鸟走兽彩绘。

新中国成立后，宗祠文化被列为封建文化，受到大的冲击，多数宗祠陆续被拆毁，宗祠祭祖活动停了下来。现存的宗祠多因改作学校、仓库、工厂、供销社、卫生院、乡村办公场所等而未遭大的破坏。改革开放后开始维修宗祠，寻根祭祖、续修族谱、助学济困等活动恢复。有的乡村将维修后的宗祠开辟为老人休闲娱乐、开展传统道德教育、弘扬正能量的场所。一批主体建筑保存完好，具有历史、艺术、科学价值的宗祠被各级政府列为文物保护单位，宗祠保护工作逐步走上正轨。

2019年9月13日

一

浏阳市文家市镇玉泉村
藺氏家庙冬至祭祖

浏阳市文家市镇玉泉村藺氏家庙，堂号为“中山堂”，图为2020年12月21日，藺氏宗祠理事会在此举行冬至祭祖暨表彰大会

浏阳蔺氏为战国名相蔺相如第四子蔺景后裔，这一支于清代由江西万载迁至浏阳玉泉，已传九十七代。蔺氏宗祠理事会会长蔺代洪（右四，56岁，大专文化）做过土建工程承包，曾担任16年村主干，1999年起，被宗祠理事会推选为会长。图为他与理事会部分成员在察看祭祖准备工作

蔺氏家庙为矩形布局，分前厅、中堂、后寝三进，占地面积439平方米，厅堂上方有清朝重臣李鸿章题写的“德媲相如”、湖南巡抚陈宝箴题赠的“锡类推仁”匾额。祭祖开始前，司仪就位，点香燃蜡，在供桌上摆放鲜宰的猪首、羊头等供品

主祭代表从后寝神龛请下先祖牌位

主祭代表抱牌移步中堂

司仪接牌，安放在中堂正中的供桌上，供桌前面依次摆放3桌酒菜，族中长老负责敬奉酒茶

司仪蔺万亮（62岁，初中文化）颂唱议程，祭祖仪式开始

族人向列祖列宗行磕头礼

族人转向大门外对诸神跪拜，迎请、酬谢诸神

宗祠大门外鸣炮，祠内乐队奏乐

主祭代表恭读祭祖文稿

族人随礼乐节拍向先祖行拱手礼，逐一燃香、上香

司仪唱读颂词，追念先祖功德

本次祭祖由蔺氏族人8个字辈推选出的1至2名代表（大小字辈代表）参加主祭

参加主祭的蔺万辉（前排右四，56岁，高中文化），办有一家花炮厂，一年销售2000多万元，用工200多人，平常对宗祠族务活动很支持

焚烧祭词和香纸的族人蔺德胜（38岁，初中文化）平常在外搞汽车维修，冬至回家参加祭祖。他说，宗祠祭祖是大家的事，族人都应出力

跟着主祭代表焚香祭拜的是村内蔺氏族人。文家市镇4.8万人中，蔺氏有1万多人；其中玉泉村有村民5600多人，蔺氏有2200人

表彰活动开始前，再给先祖上香，以告慰、报答祖先的恩泽

宗祠理事会会长蔺代洪向村支部和族人汇报理事会的工作，勉励族人不忘初心，遵守祖训，积极上进

会上，宗祠理事会表彰了2020年度的优秀学子、优秀企业家、敬老孝亲模范等14位先进个人

受到表彰的优秀企业家蔺杰发言，他在长沙办有智能科技公司，他表示，一定要好好做事，把企业办好，为国家、为社会多做些贡献

表彰会上，族人还集体诵读了蔺氏家训。从江西万载迁来玉泉定居的蔺氏一脉，在此繁衍了十八代，族人都按先祖刊定的排行表确定字辈

宗祠开餐前，在供奉先祖牌位的寝堂摆一桌祭祀宴，供先祖享用

廉颇与蔺相如将相和的故事流传千古，玉泉村蔺氏族人以团结和睦、忠孝传家为荣。参加聚餐的有300多人，吃的是家常“杀猪菜”

族人蔺万桃（78岁）与妻子韩自华从1977年起开办家庭福利院，先后照顾13名孤寡老人和收养1名孤儿，被民政部授予“德高义重”匾额，成为蔺氏族人传承家风、家训的典范

蔺氏家庙近年来每年举行冬至祭祖和清明扫墓两大活动，一年活动开销要7万~8万元，均来自族人自愿捐款，账务有人专管，收支公开

蔺氏宗祠理事会有20多人，牵头做事的多为手头宽裕、热心族务的企业家、村干部，玉泉村的经济收入主要靠花炮产业，全村有2000多人从事这一行业。图为祭祖、表彰结束后，宗祠理事会蔺代洪（中）、蔺万辉（左）送客

相传蔺相如有8个儿子，后代分散在全国各地，浏阳玉泉村这一支族谱修撰得算是比较好的。2009年九修族谱花了120多万元，2014年修缮宗祠又花了80多万元，都是由族人捐资完成的

蔺氏家庙始建于清雍正十三年（1735），乾隆六十年（1795）重建，现存建筑为清光绪年间重修，占地面积439平方米，有前、中、后三栋。蔺氏族人于1993年、2014年捐资对其进行修缮，现为长沙市文物保护单位

图为蔺氏家庙中山堂旁边的蔺氏支祠堂

二

浏阳市龙伏镇泮春村
周氏祖祠冬至祭祖

2019年12月22日，浏阳市龙伏镇泮春村周氏祖祠举行冬至祭祖，族务理事会会长周稳基在祠堂大门口迎客

泮春村原有始建于清末和民国的周氏总祠1处、分祠7处，1976年前相继废毁。周稳基担任族务理事会会长后，发动族人捐资，于2016年重建周氏祖祠，共花费768万元，他自己捐款20万元

族人祭祖是要讲规矩的，祭拜先祖前需先净手

香火师负责烧香纸、燃蜡烛

周景春（左一，84岁）曾在湘剧院工作，他负责敲鼓说唱、指挥演奏祭祀音乐

祭祀执礼人员就位后，主持人宣布祭祖典礼开始

会长代表族人诵读祭词，在享堂跪拜的是族务理事会成员、周氏各支房房长、族内乡贤

会长担任主祭，在司仪引导下给列祖列宗磕头、进香、祭酒

族务理事会秘书向祖宗敬茶

族人给先祖进香

族人抱孙辈来祠堂见识传统礼仪

浏阳一中退休教师周申全（全国特级教师）在祭祖仪式后，为大家讲述族人周乃古抗日救国、参与湖南长沙和平起义的事迹。利用祠堂作道德讲堂，村里每年要举办几次宣讲活动

祠堂是乡村传统文化的载体，在外奋斗和在家创业的族人均以“礼从东鲁，业绍西岐”的祖庙对联而自豪

族人周永文说，会长周稳基的先祖周祁阳生于清代，家里有田600余亩，一生乐善好施，修桥铺路，建祠兴学，周稳基办企业赚钱后也热心于族务

这次祭祖来客200多人，图为负责族务礼仪的族人正在安排就餐座席

冬至祭祖聚餐400元一桌，每桌10个菜，加上祭品、酒水、鞭炮等开销，共花费2万多元

截至2019年，泮春村有1116户4148人，其中周姓人口占了90%，冬至祭祖来就餐的是族人代表

时任泮春村村主任的周玲（左二）介绍，附近周姓有1万余人，泮春村是邻近3个村合并的，村里的文化建设中心、移风易俗理事会、老年协会、片区党支部都设在祖祠，祖祠的日常管理由汝南山庄负责

2019年8月，周氏祖祠成立了爱心基金会，筹款110多万元，主要用于扶贫济困，奖励优秀学生。首任会长周觉来在祭祖时不忘劝族人加入行善行列

周氏子弟以泮春出了北京大学校长周其凤等名人为荣

建于清末，已经荒废垮塌的周氏祖祠，新中国成立后曾用作区公所、公社办公地、农业机械厂，一度繁华

村里部分周氏族人与郁文堂后裔在近年修复的郁文堂门口合影

郁文堂后裔周化益说，这是周家祖屋，他一直住在这里。郁文堂建成于清光绪三十四年（1908），规模为三进三室

郁文堂后进大厅供奉着这一房的历代先祖

长沙市文联副主席周永康在村里的老宅中长大，深受祖辈传承下来的文化熏陶，他认为宗祠文化中的“忠孝诚信”“耕读传家”现在还管用

泮春的古桥、古树、古井、古宅、古祠堂承载了游子的记忆和浓浓的乡愁

三

浏阳市大围山镇
李氏家庙

浏阳市大围山镇李氏家庙始建于清嘉庆二十年（1815），20世纪30年代曾为红十六军兵工厂，现为长沙市文物保护单位

李氏家庙族务理事会会长李鲜兴（2019年受访时64岁，初中肄业），以前做竹木生意，他的爷爷李正葆是红十六军连长，1930年在作战中牺牲

李鲜兴向人介绍族务理事会运作情况。他说，李氏家庙在土改后用来办学校、加工厂，1993年由族务理事会收回并修缮

李氏家庙修缮后，交给村老年协会，用作活动场所，村里老人在此闲坐、打麻将

祠堂平常由在此搞活动的老人帮忙看护

李氏一族先祖从江西丰城迁来，至今已传二十四代，后人认李世民为始祖，逢年过节给他上香

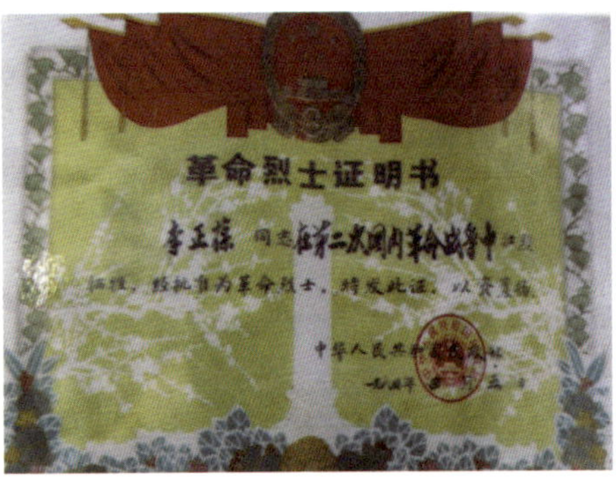

图为民政部颁发的李正葆烈士证书，村里为革命牺牲的先后有100多人

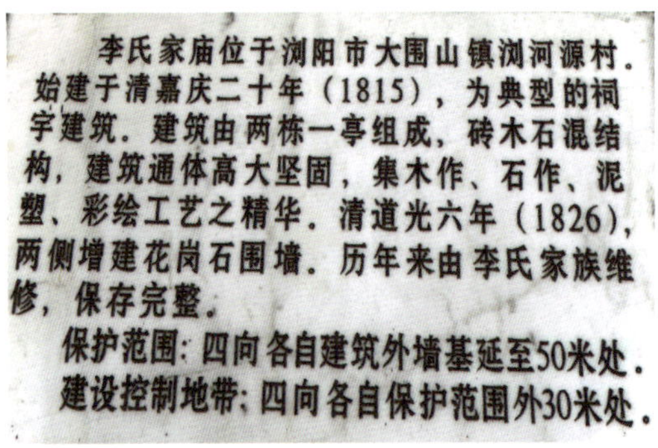

李氏家庙保护碑。村里利用家庙进行革命传统教育，引导年轻一代不忘初心

大围山镇还有湖南省苏维埃政府旧址锦绶堂，该堂始建于清光绪二十三年（1897），1930年，湖南省苏维埃政府在此办公9个多月。院内保留多处红军标语，现为湖南省省级文物保护单位

锦绶堂是涂刘氏为纪念丈夫涂儒玫中举而建，布局为庄园式，占地4000平方米，有房屋108间，天井17个

离锦绶堂不远的围山书院也建于清末，现在由东门完小负责保护

2019年，东门完小校长廖尚麟说，围山书院系戊戌变法志士谭嗣同的老师涂舜臣先生所建，学校不时在这里举办国学讲课活动

四

浏阳市大围山镇刘氏宗祠

浏阳市大围山镇刘氏宗祠由刘氏族人于清末集资建造，1927年9月，毛泽东率秋收起义部队与敌激战，秋收起义部队第三团在此驻扎

祠堂分为前厅、天井、大堂，两侧为厢房

封火墙头有彩绘山水、花鸟和中国古代人物故事

刘氏宗祠于2014年成立刘氏宗亲理事会，刘承佑（2019年受访时69岁，初中文化）被推选为副会长，他曾做过近20年的村党支部书记

吴勇（39岁）时任白沙村党总支书记，他说祠堂大修和平常维护主要依靠刘氏族人出资出力

祠堂现归白沙完小管理，学校保安经常巡看，主要是防火防漏雨

刘氏宗祠在新中国成立前就兴办族学，招收几十个族中子弟在此读书，土改后，祠堂交给政府办学，现为公办白沙完小

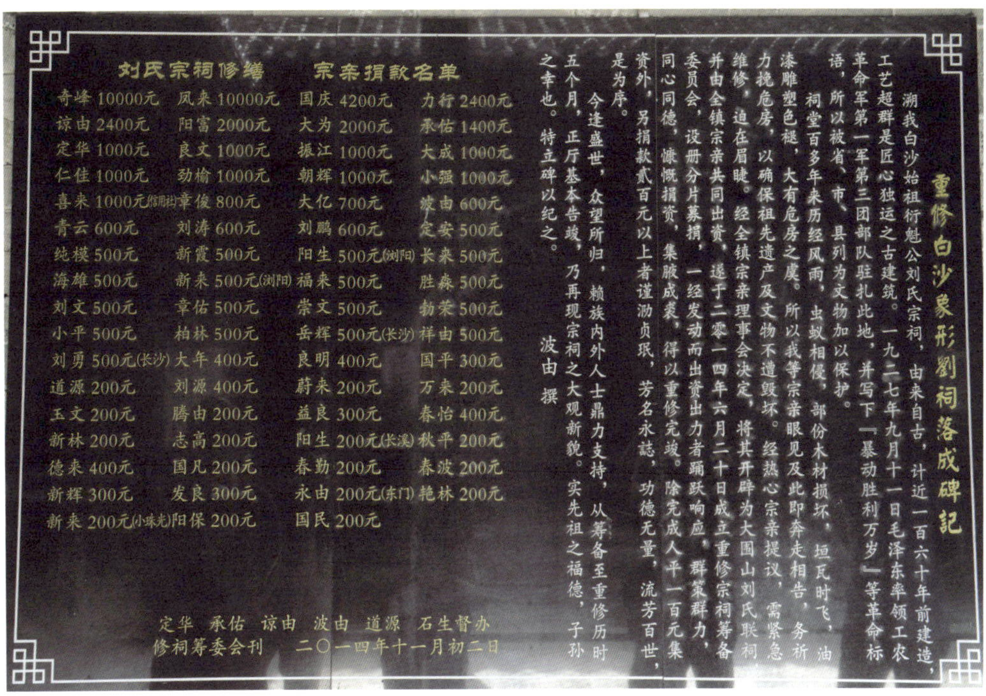

宗祠祭祖活动在土改后停了下来，改革开放后开始恢复。2014年刘氏宗亲理事会确定将大围山刘氏后人的九个分支并入这座宗祠祭祖，发动族人捐资维修，竣工后立碑纪念

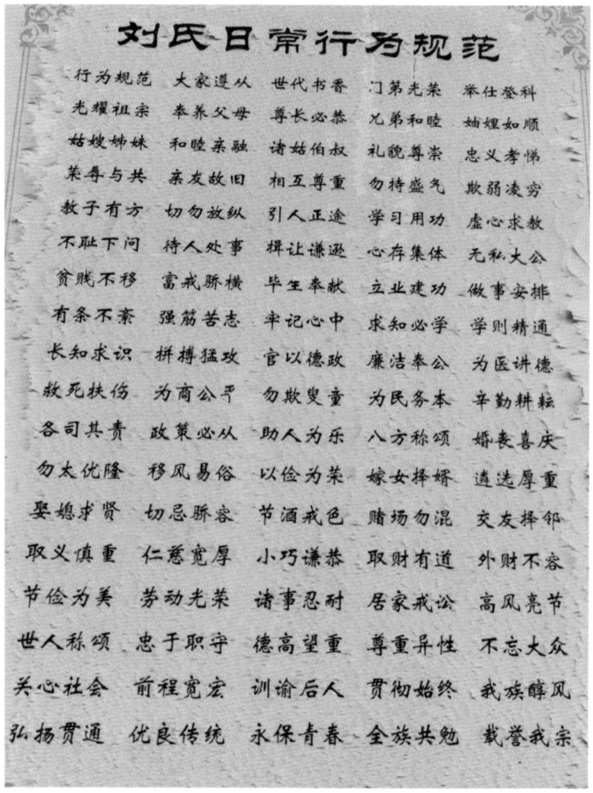

宗祠除办学外，还有祭祖议事、教化族人、捐资助学等功能，图为宗祠制定的刘氏日常行为规范

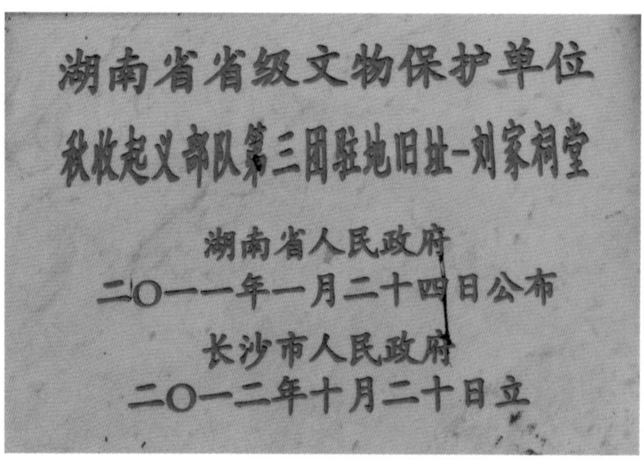

祭祖活动时最多来了500多人，在白沙完小食堂开饭，村里也借这个机会宣讲时事政策，倡导移风易俗

五

浏阳市大围山镇鲁氏家庙

浏阳市大围山镇鲁氏家庙坐落在中岳村，原家庙失火被烧掉，现家庙系清光绪二十九年（1903）在原址重建，图为家庙朝门

站在家庙大门口的鲁承仁（2019年受访时78岁）做过12年的村支书，退下来后又做了8年的宗祠理事会会长（政府每月补助他220元）

鲁老说，鲁氏家庙早在1973年就要拆掉，是他极力反对才保留下来

原先附近的8个祠堂，土改后陆续拆掉了，现只剩下鲁氏家庙

鲁承仁当会长时，外来老板看中祠堂的4块雕版，出价4000元一块，鲁承仁回应，4万元一块也不卖

鲁氏家庙在2012年和2015年搞了两次维修，2015年这次维修花费50多万元，请工匠按传统工艺修复。鲁承仁对维修质量比较满意

中岳村由5个村合并而成，全村3100多人，其中鲁姓有800多人。村子合并后，政府每年补助村党总支书记6万余元

时任中岳村党总支书记的鲁先发（左，2019年受访时56岁，大专文化）告诉来访者，2015年的维修，村里老人将蒋介石、孙科、居正等人当年给鲁氏家庙的题词刻成版，挂在祠堂大厅

六

浏阳市
胡氏家庙、谭嗣同烈士祠、汤氏宗祠

胡氏家庙位于浏阳市中和镇西岭孔家坪，始建于清朝中期，建筑面积565平方米，为当地胡氏族人祭祀祖先之所

胡氏家庙原为“建十公祠”，“建十公”即胡耀邦第十二代先祖胡允钦。明朝万历年间末，胡允钦为躲避战乱，带家人从江西乐安县梧塘村搬迁到浏阳西岭安家创业，到胡育生、胡育澄这一代时，胡氏家族逐渐兴旺，便以祖屋作为胡氏家庙

清末，胡耀邦的堂叔父胡祖仪在胡氏家庙创办新式学堂兴文小学，当年7岁的胡耀邦从种桃书屋转入兴文小学，就读至11岁

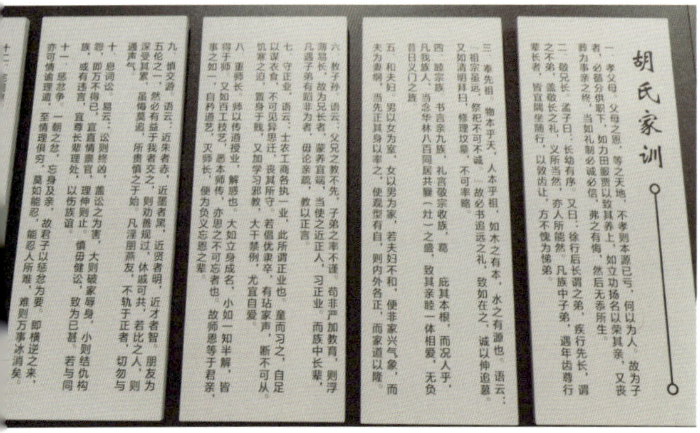

胡氏家庙墙壁上悬挂的胡氏家训

图为胡氏家庙的“忠廉”二字，清廉从政是胡耀邦一族的家风。从胡氏家庙到胡耀邦故居，纪检监察部门打造了廉政文化长廊，邀请部分知名书法家撰写了廉政箴言，形成碑林

在距离胡氏家庙不到1公里处的中和镇苍坊社区西岭山脚下，坐落着胡耀邦故居。胡氏家庙与胡耀邦故居现已被列为全国重点文物保护单位

胡耀邦故居始建于清咸丰年间，占地面积450平方米，一共19间房。房屋呈“凹”字形布局，胡耀邦家与胡氏宗亲合住，共用堂屋，东边9间是胡耀邦家，胡耀邦在此度过了童年和少年时期。胡耀邦是长期担任党的重要职务的卓越领导人，一生廉洁奉公，开明务实，为推动“文革”后的拨乱反正、改革开放和社会主义现代化建设建立了不朽功勋

据故居讲解员介绍，胡耀邦1915年11月20日出生在这里，1930年10月到驻江西安源的湘东特委儿童局工作时才离开故居。胡耀邦的哥哥胡耀福一直住在故居，当时故居破旧不堪，胡耀邦坚决反对修复。他担任中共中央总书记后，再三叮嘱家人不准兴土木。1995年，胡耀邦诞生80周年，浏阳市才决定修复胡耀邦故居

坐落在浏阳市城区才常路89号的谭嗣同烈士专祠，系谭氏族人为纪念清末维新志士谭嗣同于1913年所建。谭嗣同，生于1865年3月10日，字复生，1897年协助湖南巡抚陈宝箴设立时务学堂，宣传维新变法，筹办内河轮船、开矿、修铁路等新政。1898年光绪皇帝下诏，命其进京参与戊戌变法。失败后被清政府杀害于北京宣武门外菜市口，时年33岁

20世纪50年代，专祠由县政府管理，曾用作人民委员会机关食堂与厨房。“文革”时，神龛、木质挽联尽遭毁损，梁启超所题“民国先觉”牌匾，因作厨房砧板使用，未遭毁坏。1983年，湖南省政府拨款修复专祠，现祠内办有“谭嗣同生平事迹陈列展”及“戊戌变法纪念展”

谭嗣同故居原为其父谭继洵（官至光禄大夫、湖北巡抚兼署湖广总督）“大夫第”官邸，始建于明末清初，建筑面积762平方米，谭嗣同在此度过了青少年时代

浏阳博物馆副馆长任伶俐（左）介绍，谭嗣同入狱后题壁：“我自横刀向天笑，去留肝胆两昆仑。”他慷慨赴死后，夫人李闰在家养亲抚侄，创办浏阳女子师范学校，热心社会公益事业，60岁时逝世于“大夫第”

谭嗣同就义后，京师浏阳会馆长班刘凤池收殓其遗体，暂存会馆，后由其侄谭传赞扶柩回浏，葬于牛石乡翟水村（今荷花街道谭嗣同村）。谭嗣同烈士祠、故居、墓地均为全国重点文物保护单位，由浏阳博物馆主管

浏阳市达浒镇金田村金坑组汤氏宗祠始建于清乾隆五十一年（1786），图为宗祠理事会理事长汤仁（60岁，前排左一）等族人在宗祠大门口迎客

宗祠寝堂供奉有汤氏三十代祖先牌位，宗祠外的围墙列有为革命牺牲的多名汤氏族人的英名，宗祠理事会每年清明祭祖时，一并缅怀英烈

金田村由5个村合并而成，现任村党总支书记汤代其（右二）介绍，全村有4000多人，其中汤姓人口有近2000人，村里有三分之一青壮年劳力外出打工。从汤氏宗祠发散的前后有3万余人。大革命时期，族人汤世积曾任浏东游击队党代表，后在红五军团和红一军团担任团政委、代团长、师政委等职

汤世积曾孙汤裕福介绍，汤世积参加革命后改名为易荡平，意为以荡平天下为己任。现汤世积烈士故居已被修复，举办汤世积生平业绩展览，用于教育后人不忘先烈的流血牺牲

中央红军长征中，汤世积担任红一军团二师五团政委，在湘江战役阻击敌军、掩护主力突围时，身负重伤，为不当俘虏，从警卫员手中夺枪自尽，年仅26岁。汤氏一族有131人为革命捐躯，128人被评为革命烈士，图为民政部给汤世积补发的革命烈士证明书

七

宁乡市沩山乡高氏宗祠

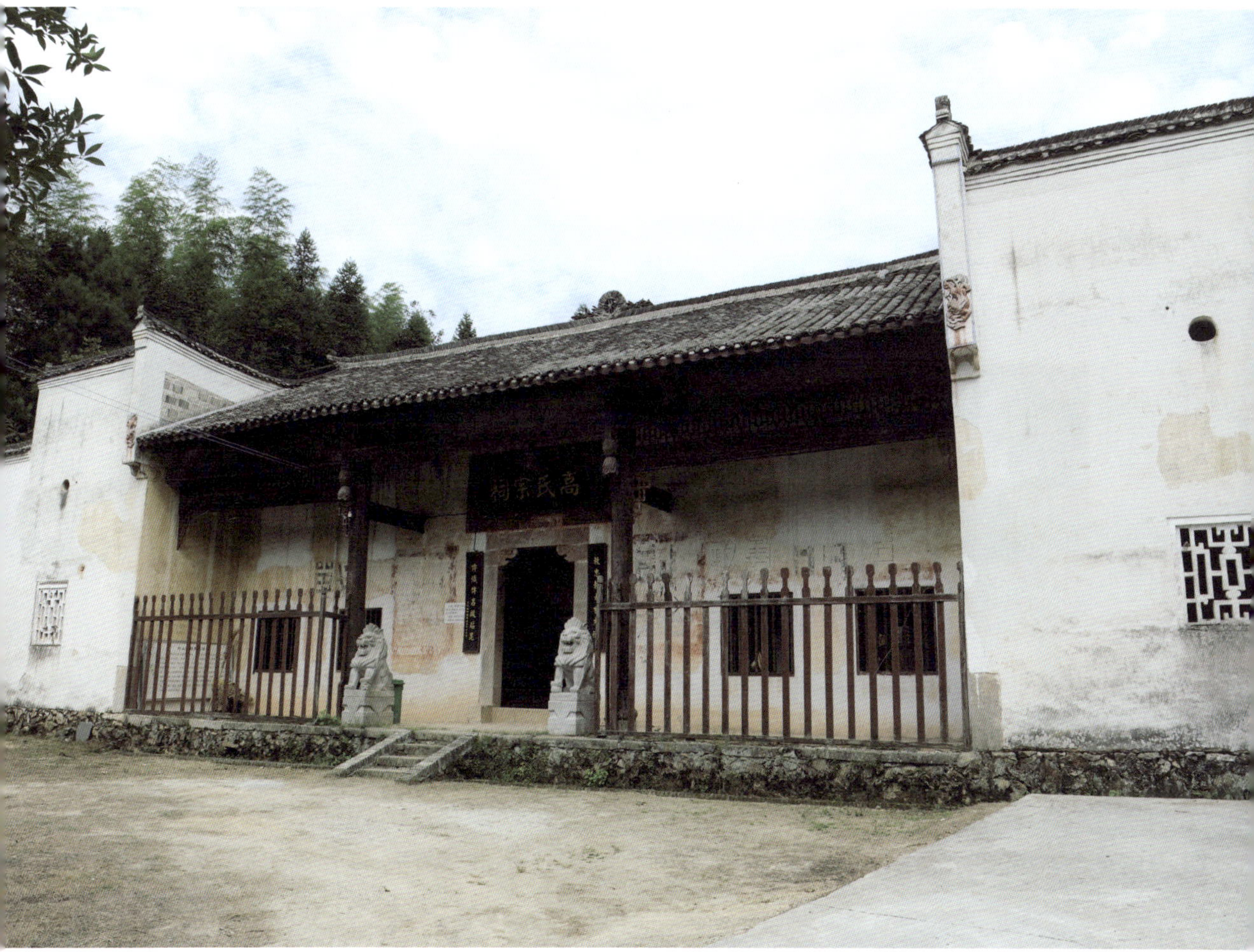

高氏宗祠位于宁乡市沩山乡沩水村，建筑面积989平方米，由正殿（含戏楼）、天井、五福堂（享堂）、厢房组成，现为长沙市文物保护单位

2020年，据时任沩山乡人大副主席的夏笑介绍，沩山高氏源于元朝吏部左侍郎李仕元，入明后，他保持忠节，改名为高孟余，迁居宁乡重开基业，后人于清光绪年间修建了高氏宗祠

高立初时任沩山乡敬老院院长。他说，沩山乡高氏族人已发展到6000多人，1995年高氏族人六修族谱，成立高氏联谊总管会，定族规族训，恢复清明祭祖

高氏宗祠聘请族人进行日常维护，每年补助6000元。族人捐资维修，享堂神龛正中供奉的是沩山高氏先祖高孟余雕像

沩山乡原党委书记曾含玲（左二，现为宁乡市政协副主席），时任党委副书记的王艳杰（左三）认为，宁乡遗留下来的宗祠稀少，正如父母在，家就在的道理，宗祠文化中的祠堂及家风家训，是维系乡愁的根脉

高氏宗祠附近有建在沩山脚下的密印寺，寺名来源于佛教中的“密传心印”

密印寺始建于唐代，由唐宣宗李忱题写“密印禅寺”，之后多次毁于兵火，又多次重建

寺内供奉的清代铜造佛像

1917年暑假，毛泽东、萧子升曾在此地调查，借宿于寺中

密印寺为佛教沩仰宗的发祥地，曾任中国佛教协会会长的一诚法师、传印法师，均为沩仰宗嫡系传人

根据寺内供奉的千手观音建造的室外造像，屹立在密印寺后山的半山腰上，气势宏伟

八

长沙县
常家祠堂、彭家祠堂、杨公庙

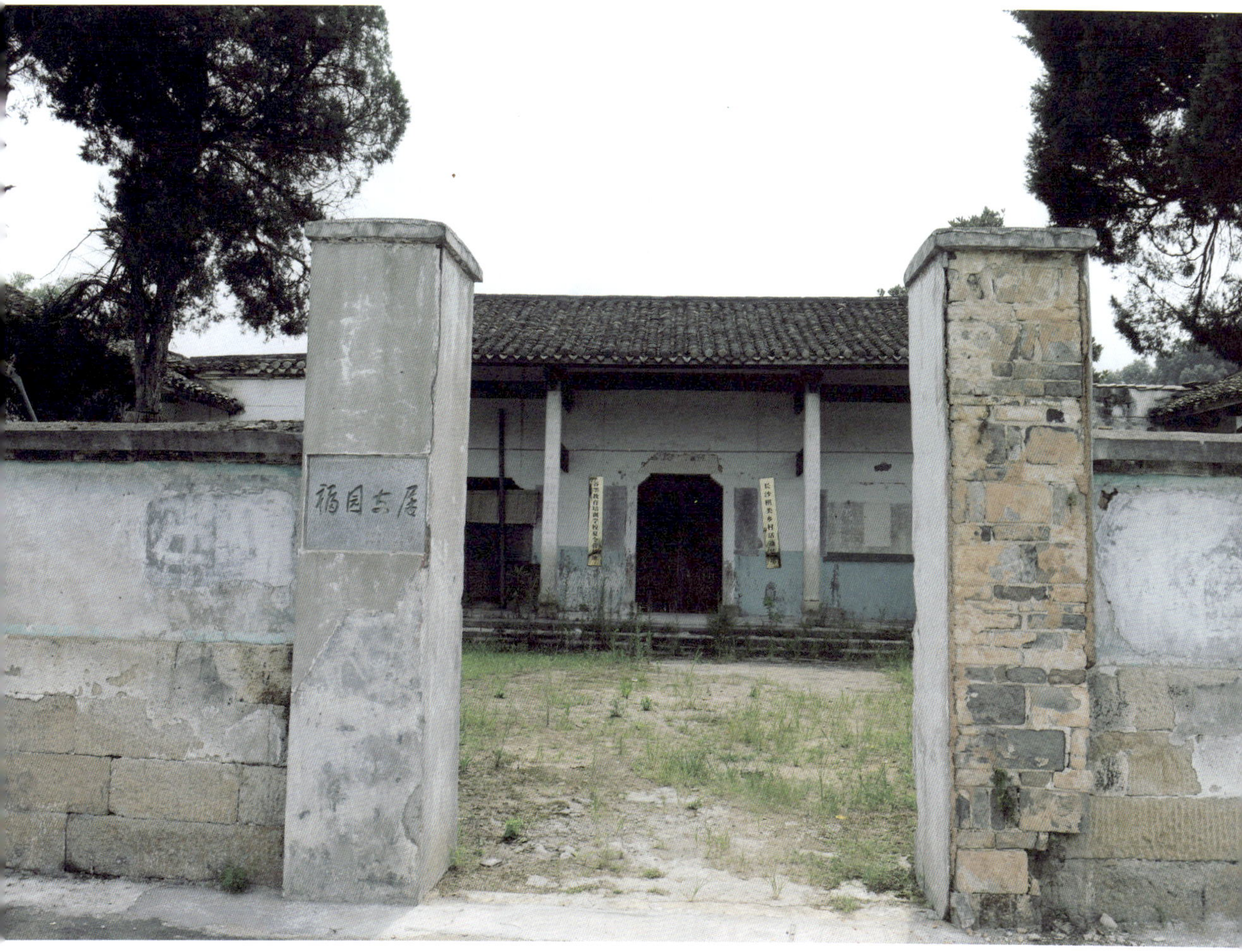

长沙县北山镇新桥社区常家祠堂，建于清光绪年间

常家祠堂在新中国成立后曾用作村小学和村里的办公场所，撤乡并村以来几经荒废

常家祠堂系常氏家族一支迁居长沙后，为纪念其先祖常大淳所建，厅堂石柱所用材料均为花岗岩

常大淳，衡阳人，清道光年间进士，曾任监察御史、安徽按察使、湖北布政使、浙江巡抚，1853年在湖北巡抚任上，因武昌城被太平军攻破而投井自尽

常家祠堂建筑面积2800平方米，三进，有7个天井。祠堂改为村小学后，正厅两厢改作教室，全盛时设有一~六年级，学校有教师10多人，学生300多人

常家祠堂看护人任新时（2020年受访时64岁）在这里读过小学，他说，祠堂平常都是关着门，偶尔有常家后人及在祠堂上过学的人来探访，喊他帮着开门

北山镇彭家祠堂，坐落在长沙县二中校内，门楼正在维修

附近村民周建辉（2020年受访时65岁）帮老板做维修辅工，一天收入200元

维修工程承包人周旭刚说，这几年，县财政拨款维修市县级文物保护单位，常家祠堂的消防工程和彭家祠堂门楼的维修工程，都是他承包的

长沙县开慧镇开慧村板仓杨公庙，建于清道光二十九年（1849），占地面积1500平方米，原为祭祀杨泗将军的庙宇，清末改为私塾，民国初年又改为学校。1908年，杨开慧在这里读书，1929年，毛岸英亦就读于此。2005年，杨公庙全面修复，展示杨开慧烈士及其父亲杨昌济、儿子毛岸英的部分物品、资料

板仓杨开慧故居，始建于清末，系土砖木结构，现存大小房间36间。1901年11月6日，杨开慧在这里出生，12岁随家人迁居长沙，1927年大革命失败后回故居居住，直至1930年被捕

杨开慧1920年冬与毛泽东结婚，1921年加入中国共产党，先后在长沙、上海、广州、武汉、韶山等地从事革命活动，1930年10月24日在板仓故居被捕，同年11月14日英勇就义于长沙浏阳门外识字岭，年仅29岁，牺牲后葬于故居右侧棉花坡山头上。1967年4月墓地与陵园重修，1969年杨母向振熙与之合穴，新建合葬墓于此地

在狱中，敌人威逼杨开慧与毛泽东脱离夫妻关系，杨开慧说：“我死不足惜，愿润之革命早日成功。”得知杨开慧牺牲消息，毛泽东寄信给杨家说：“开慧之死，百身莫赎。”1957年，毛主席写下“我失骄杨君失柳，杨柳轻飏直上重霄九”词句，深切怀念杨开慧烈士

杨开慧故居、杨开慧烈士陵园、杨公庙已被列为湖南省省级文物保护单位，其中杨开慧故居是中宣部公布的“全国爱国主义教育示范基地”。图为2022年湖南省政协机关离退休老干三支部到杨开慧故居开展党史学习教育活动

位于长沙县黄兴镇凉塘的辛亥革命元勋黄兴故居，建于清同治元年（1862）。1874年10月25日，黄兴出生于此，在此生活22年。故居占地2.05亩，现存12间房屋，1981年维修。“黄兴故居”门牌由廖承志题写，现为全国重点文物保护单位

图为黄兴居住的房间，墙上挂有黄兴原配廖淡如及其子女照片。黄兴与廖淡如育有三子三女，后娶在广州起义相识的辛亥革命女杰徐宗汉为妻，生下两儿一女

黄兴，原名轸，后改名兴，字克强，父亲黄筱村是晚清秀才。黄兴1896年考中秀才，1901年毕业于武汉两湖书院，后赴日本留学。他创立的华兴会与孙中山创立的兴中会等团体在东京合并为中国同盟会。之后，黄兴主要从事反清武装起义，曾任武昌起义革命军战时总司令、中华民国临时政府陆军总长、江苏讨袁军总司令，是中国近代民主革命家、中华民国的创建者之一

黄兴重视家训传承，他以“笃实”“无我”家训教育子女为国效力。黄兴写给在南京攻城作战的大儿子黄一欧的家信中，只有8个字：“努力杀贼，一欧爱儿！”

黄兴因积劳成疾，1916年10月31日病故于上海，享年42岁。他留下的著作有《黄克强先生全集》《黄兴集》等。章太炎挽黄兴：“无公乃无民国，有史必有斯人。”蔡锷评价他“以勇健开国，而宁静持身”。胡汉民赞他“其雄健不可一世”。图为黄兴书法“无我”，大气磅礴

黄兴去世后，孙中山亲自主持治丧活动。1917年举行国葬，葬于长沙岳麓山云麓峰下小月亮坪

黄兴故居保洁老人告诉参观者，黄兴一生献身革命，为筹集革命活动经费，1903年将故居连同2000多亩田产卖掉。新中国成立后，故居收归政府，分配给7户农民居住，1981年故居维修时，政府将住户迁出

九

长沙市岳麓区忠烈祠

长沙市岳麓区忠烈祠位于岳麓山赫石坡（湖南师范大学校区内），原为纪念岳飞的岳王庙。1939年，时任国民政府第十集团军总司令的刘建绪将其改建为“第四路军阵亡将士麓山忠烈祠”。2004年，湖南师范大学出资对其进行重修。2011年被列为湖南省省级文物保护单位

忠烈祠内办有湖南抗战陈列展。抗日战争时期，湖南作为抗日战争主战场之一，先后有近10万民众参加抗日游击队和自卫队，有100万民众直接支援守军作战，在三次长沙会战、常德会战、长衡会战、湘西会战中，有30多万将士为国捐躯

忠烈祠大厅悬挂着刘建绪题写的“允武且仁”匾额，正门有中日长沙会战铜雕，南墙外侧嵌有两块汉白玉石碑，分别为《第四路军阵亡将士麓山忠烈祠记》《重修麓山忠烈祠记》

忠烈祠后山，1946年建七十三军抗战阵亡将士墓，2006年被列为湖南省省级文物保护单位

墓碑系花岗石砌就，墓碑后的忠义观安放阵亡将士骨灰。抗日战争时期，中国战场发生了23次大型会战，其中有6次发生在湖南，长沙发生了3次会战，英勇地打击了日寇侵略的凶焰

图为建在岳麓山下的岳麓书院，北宋开宝九年（976），潭州太守朱洞在僧人办学的基础上，由官府捐资兴建，正式创立岳麓书院。北宋祥符八年（1015），宋真宗召见岳麓山长周式，御笔赐书“岳麓书院”四字门额。岳麓书院是北宋四大书院之一

此后，历经南宋、元、明、清各代，清光绪二十九年（1903），岳麓书院与湖南省城大学堂合并改制为湖南高等学堂，沿用书院旧址。中华民国十五年（1926），湖南高等学堂正式定名为湖南大学，仍就书院基址扩建。图为书院讲堂檐前悬挂的“实事求是”木匾，为民国初年湖南工专校长宾步程撰写，为该校校训

书院讲堂为当年张栻、朱熹会讲之地。讲堂鎏金木匾“学达性天”“道南正脉”分别为康熙、乾隆皇帝御笔

明末清初著名思想家王夫之（1619~1692）于明崇祯年间求学于岳麓书院，师从吴道行。王夫之遍注群经，是湖湘文化承前启后式人物，其“经世致用”的入世观影响了魏源、曾国藩、谭嗣同、毛泽东等湖湘人杰。王夫之晚年长期隐居在衡阳县石船山下，后世尊称他为“船山先生”

图为毛泽东当年在岳麓书院暑期进修时住的房间。从岳麓书院走出的著名学子有王夫之、陶澍、贺长龄、魏源、曾国藩、左宗棠、胡林翼、刘长佑、刘坤一、郭嵩焘、唐才常、熊希龄、杨昌济、程潜等人

岳麓书院还有御书阁、文庙、濂溪祠、船山祠等建筑，是中国现存规模最大、保存最完好的书院建筑群。书院在读的本科生、硕博研究生有800多人，是国家文史哲人才培养基地。岳麓书院陈宇翔书记（右）与岳麓书院中国哲学专业博士生王戈非（左）都担负一些接待讲解任务。陈宇翔、王戈非介绍，书院经常举办国学和湖湘文化讲座

十

炎陵县水口镇
叶家祠堂、朱家祠堂

炎陵县档案史志局原局长张晓建介绍，水口镇叶家祠堂是毛泽东主持第一次连队建党旧址

1927年9月，毛泽东率秋收起义部队从浏阳文家市出发，经三湾改编后到水口墟时，部队从6000多人缩减为600多人。毛泽东在叶家祠堂阁楼上主持宣誓仪式，发展赖毅、陈士渠等6名党员入党，开启了支部建在连上、党指挥枪的历史征程

叶家祠堂始建于晚清，砖木结构，面宽六间，进深两间，建筑面积196.25平方米。原建筑毁于民国，1968年在原址上重建

叶姓一族是广东客家人，迁来炎陵县水口居住。当年水口村附近的叶氏族人将祠堂建在墟上，便于族人集中祭祖。叶家祠堂因在党建史上的特殊意义，2019年升为国家重点文物保护单位

受挫后的秋收起义部队在水口休整一个多星期，图为毛泽东当年在水口居住的桥头江家

改编后的工农革命军第一军第一师第一团团部设在水口朱家祠

朱家祠始建于1880年，1928年被焚毁，1931年在原址上兴建学校，1968年，当地政府按朱家祠原貌修复。主体建筑面宽三间，进深五间，建筑面积654.64平方米

水口墟朱姓有近2000人，是明末清初从广东迁过来的客家人的后裔。大户人家牵头建立的宗祠在社会革命或剧烈变革时期，往往成为驻军、赈灾、兴办义学的场所

周里（1903-2000）

毛泽东在朱家祠接见了中共酃县（今炎陵县）凉桥党支部书记周里，向他了解“马日事变”后党组织和农民协会遭受破坏情况及敌情

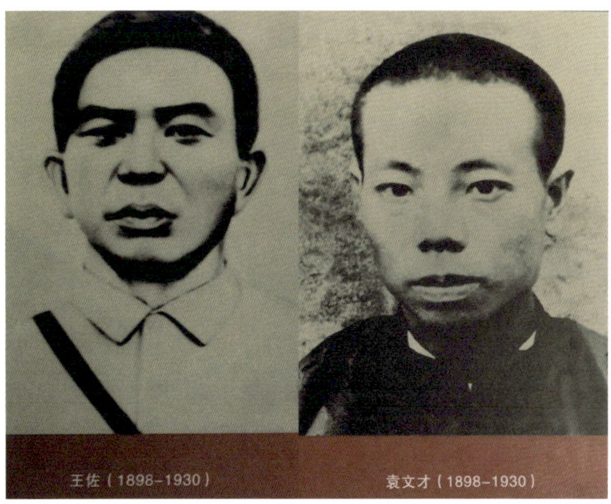

王佐（1898-1930）　袁文才（1898-1930）

毛泽东曾派人联系井冈山地方武装领导人王佐、袁文才

毛泽东在水口放弃去湘南的计划，做出上井冈山开展武装割据的决策，从此开辟了农村包围城市、武装夺取政权的革命道路

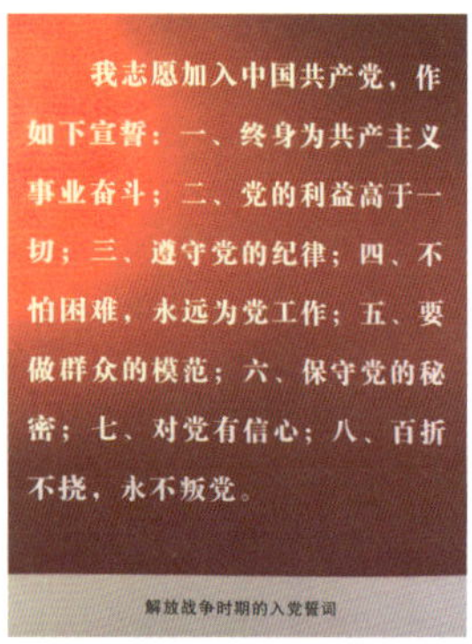

解放战争时期的入党誓词

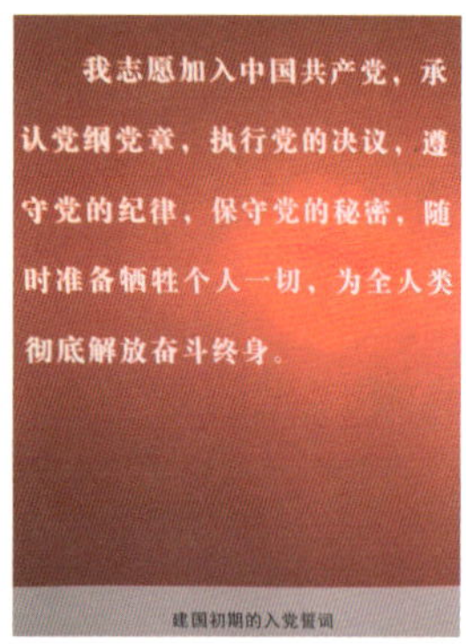

新中国成立初期，入党誓词做了调整

图为大革命时期留下的“工农专政”标语，当时炎陵县有3.8万优秀儿女为革命捐躯，占全县人口的一半

如今炎陵县城乡面貌已发生巨变，但朱家祠仍然用于办学，接受九年制义务教育的学生在这里快乐地学习和生活

先烈们的鲜血没有白流，这盛世，如先烈所愿

十一

醴陵市
耿传公祠、潘氏宗祠、彭氏家庙

位于醴陵市枫林镇隆兴坳村的耿传公祠始建于清咸丰十一年（1861），2013年醴陵市政府在原址上重建，图为重建后的耿传公祠正门

明崇祯年间，耿氏一族由江苏迁来湖广，落籍在醴陵县北乡严家冲，耿氏第十二代传人耿大传牵头修建耿传公祠。将军外交家，曾任国务院副总理、国防部长的耿飚，1909年8月26日出生于此，据说他从小就协助父母洒扫祠堂、管理香烛

醴陵市政府将耿传公祠列为传承红色基因教育基地，举办耿飚生平业绩陈列等展览，教育年轻一代继承革命传统

耿传公祠始建于清咸丰十一年（1861年），由耿氏十二代耿大传所建，占地面积3500平方米，建筑面积2356平方米，进深33米，面阔71米，共有房间81间。醴陵市人民政府在2009年将其纳入醴陵市革命文物保护规划之列，2014年12月被公布为株洲市市级文物保护单位，2019年2月被公布为湖南省省级文物保护单位。

耿传公祠历经百年沧桑，因年久失修，损毁十分严重。醴陵市人民政府在2013年根据《耿氏三修族谱》上留存下来的祠堂原貌图，进行了一次全面维修，完全恢复了它的历史风貌。并将其打造为“爱国主义教育基地”和“红色研学基地”。

耿传公祠内现设有《将军外交家的风采——耿飚生平业绩陈列》《耿传公祠文化陈列》和《留住乡村的记忆——醴陵农耕实物展》，将红色文化、祠堂文化和农耕文化三者有机结合，形象地展示了“红色醴陵”、“绿色醴陵”、“古色醴陵”的深厚底蕴。

维修前的耿传公祠正门

维修前的耿传

维修后的耿传公祠正门

维修后的耿传

耿传公祠现为湖南省省级文物保护单位

从严家冲走出的老一辈革命家耿飚，7岁随父母逃荒到常宁水口山，13岁当童工，1925年加入中国共产主义青年团，次年参加醴陵暴动，在人民军队身经百战。新中国成立后成为将军外交家，毛主席称赞他“敢说真话，反映真实情况，是个好大使”。图为耿飚与夫人赵兰香合影

醴陵市明月镇水口山村潘氏宗祠，始建于清雍正十年（1732），乾隆十一年（1746）重修，占地面积1139平方米

潘氏宗祠理事会会长潘中庭（2021年受访时53岁）家里办有家具厂，他说，宗祠理事会设有4个副会长，还有财务总监和会计、出纳，宗祠祭祖、维修等重要事项由理事会研究决定，开支接受族人监督

潘氏宗祠在新中国成立后一直开办村小学，1976年成为危房后停办。后来宗祠理事会发动族人捐款100余万元，对宗祠进行了三次维修，会长潘中庭带头捐款8万余元

2021年，时任水口山村村支书的潘建中（54岁，大专文化）介绍，到潘氏宗祠认祖的族人有7000多人，其中水口山村及邻近村潘氏族人有2000多人。水口山村全村2800余名村民，有1000多人外出打工，其中到云南从事旅游行业的有400多人，现在宗祠活动捐款主要靠外出打工的年轻人

潘氏宗祠每年清明组织一次祭祖活动，留村及在附近打工的人都回来参加。宗祠一年检修两次，大堂的左大梁进行了更换

宗祠的走水天井屋檐及封火墙

宗祠大堂的立柱系麻石制作，石柱正面刻有宗祠修复的日期

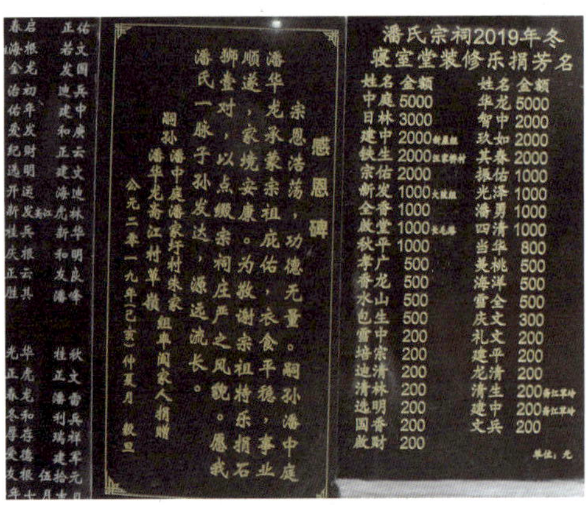

图为近年来维修宗祠的捐款碑

宗祠左侧厢房借给族人加工棺材，一副杉木棺材可卖3000多元

水口山村还有保存较完好的彭氏家庙，这座彭氏家庙维系着3000多族人，其中本村有500多族人在此祭祖

彭氏家庙始建于清光绪四年（1878）。水口山村彭氏家族在清嘉庆十一年（1806）出过进士彭俊，家庙门庭悬挂“状元及第”牌匾予以宣扬

彭氏家庙理事会有12人，会长是彭顺尧（2021年受访时51岁，初中文化，水电工）。他说，靠族人捐款20多万元和做义工维修家庙，将快要垮塌的土墙换成红砖墙，他父亲在家庙做门庭和歇山头堆画5个多月，一分钱都没收

醴陵市文旅广体局干部黄艳，湖南大学岳麓书院历史专业硕士毕业。她说，机构改革时，市文物局改成文物保护股，人员从原来10人减为1人，加一个分管领导，做文物保护工作，负责管理142处县级以上文保单位，财政预算一年安排保护经费5万元，如需专项经费，要另外申报

醴陵市阳三石街道阳三石村，老一辈革命家李立三故居，始建于19世纪80年代，1891年由李立三祖父从他人手上购置，现系全国重点文物保护单位

故居院落的这棵樟树是李立三在新中国成立初期回乡亲手栽植的，李立三曾担任中共中央政治局常委兼秘书长。醴陵市还出过左权、宋时轮、杨得志等老一辈革命家

李立三的父亲与伯父均为前清秀才。图为李立三故居陈列的李立三大理石雕像

图为到李立三故居和陈列馆参观学习，接受革命传统教育的游客

近代醴陵人才辈出，出过共产党将军45人，国民党将军250人，据说1882年出生于醴陵官庄的同盟会元老程潜，带出了不少来自家乡的黄埔军校学生。图为坐落在醴陵市来龙门街道文庙社区的陈明仁将军故居“良庄”，门前有一口古井

“良庄”建于1938年，占地面积1145平方米，为庭院式砖木结构两层楼房。主体建筑分前后两栋，后栋为当年陈明仁起居、办公、会客场所

1949年8月4日，时任湖南省政府主席的程潜与国民党第一兵团司令陈明仁在长沙宣布和平起义，回到人民阵营，为湖南和平解放立下历史功勋。图为陈明仁故居后花园

十二

攸县
程氏、颜氏、单氏、贺氏、洪氏宗祠

攸县鸾山镇新漕社区东冲三斗岭程氏宗祠，始建于1840年

程氏后人程迪华介绍，程氏先祖于清康熙年间从福建龙岩迁来攸县漕泊定居，这个宗祠参照福建程氏宗祠风格建造，村里程姓有300多人

民国时期，国民党陆军中将、攸县人丁德隆驻扎漕泊，正值程氏修族谱，丁德隆请时任湖南省省长的程潜题写“程氏宗祠”，程潜回信曰“万里同宗，千里同堂”，并题写了祠匾

2021年，时任新漕村（现新漕社区）村支书的张卫平（左）、时任村支委的吴雪华（右）介绍，1930年，攸县苏维埃政府副主席程志道将家族祠堂腾出，谭余保在程氏宗祠创办红军兵工厂，前后达三年，其间，还办过列宁小学

程氏宗祠现被列为国家重点文物保护单位，成为开展红色基因教育场所

攸县黄丰桥镇万新村颜氏宗祠，始建于清咸丰二年（1852），图为颜氏宗祠理事会会长颜爱平（中）、时任村副支书的颜飞跃（左）、宗祠守护人颜立军（右）出门迎客

颜氏宗祠在“文革”中差点被毁，因村支书极力保护，改办为学校，得以完整保留

颜氏族人多次捐资，共计近百万元，对颜氏宗祠进行修缮，寝堂供奉孔子弟子、先祖颜回塑像

全国颜氏有164万余人，其中攸县颜氏有1万余人，在这个宗祠认祖的颜氏族人有1700多人。宗祠近十年奖励了80多位考上二本以上院校的颜氏大学生

坐落在攸县菜花坪镇大旺村的单氏宗祠，始建于清康熙十二年（1673），建筑面积420平方米，为三间三进、硬山顶砖木结构建筑

宗祠在民国时期办有单氏族人私塾，后扩办为旺田小学，20世纪50年代改为粮仓，90年代由老村支书单冬仔等人牵头筹资修缮，并续修族（房）谱。该祠为单氏侯孙公房，房长单石其（前排左三），会计单育平（前排左一）

侯孙公房一支出了中国工程院院士、湖南省农科院院长单杨等人才，单杨父亲单迈成（左二，2021年受访时86岁，小学文化）做了32年粮站主任

单氏宗祠长老与前来考察宗祠保护的同志合影

单氏宗祠侯孙公房房长单石其说，在这个宗祠认祖的族人有2300多人，族人以单杨等人才为傲

图为攸县黄丰桥镇阁前社区贺氏宗祠。原建于清代的老贺氏宗祠在“文革”中被拆毁，建了学校，做南杂百货生意的贺小荷等族人筹资300多万元，于2014年开建新祠，宗祠于2016年落成

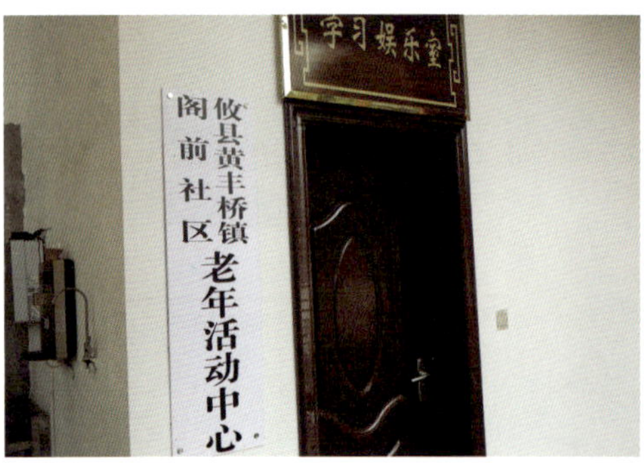

黄丰桥镇一带盛产煤炭，经济活跃，目前60%以上的中青年劳力外出打工，在长沙、深圳等地开超市和出租车，新建宗祠捐款多来自本地老板和打工者。宗祠现为族人回乡祭祖及留村中老年人活动场地

贺氏宗祠建成后，族人推选贺小荷为宗祠理事会会长，他还担任黄丰桥镇个体协会党支部书记

贺氏宗祠收藏的清代族人题写的匾额

清同治年间的进士匾

民国时期湖南省省长赵恒惕题写的匾额

图为重建后的攸县新漕社区洪氏家庙。原洪氏家庙建于明宣德年间。1995年，洪氏后裔筹资100多万元在此重建，内设洪秀全纪念堂

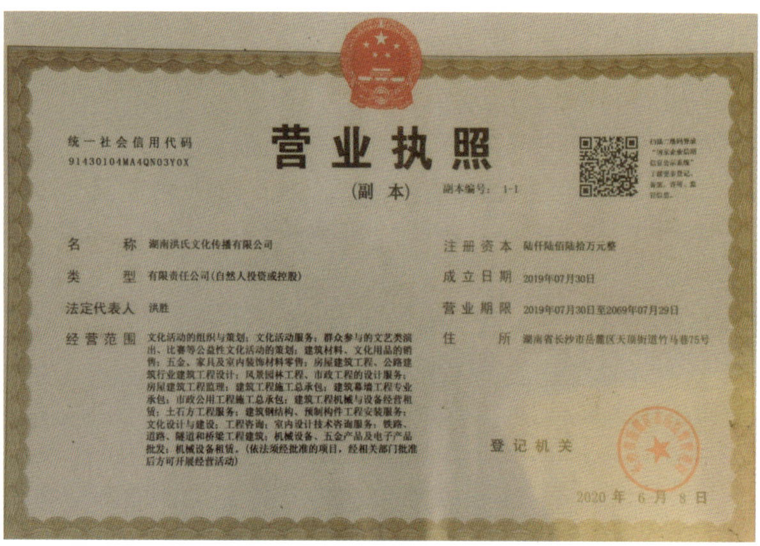

统一社会信用代码
91430104MA4QN03Y0X

营业执照

（副本） 副本编号：1-1

名　　称　湖南洪氏文化传播有限公司

类　　型　有限责任公司（自然人投资或控股）

法定代表人　洪胜

经营范围　文化活动的组织与策划；文化活动服务；群众参与的文艺类演出、比赛等公益性文化活动的策划；建筑材料、文化用品的销售；五金、家具及室内装饰材料零售；房屋建筑工程、公路建筑行业建筑工程设计；风景园林工程、市政工程的设计服务；房屋建筑工程监理；建筑工程施工总承包；建筑幕墙工程专业承包；市政公用工程施工总承包；建筑工程机械与设备经营租赁；土石方工程服务；建筑钢结构、预制构件工程安装服务；文化设计与建设；工程咨询；室内设计技术咨询服务；铁路、道路、隧道和桥梁工程建筑；机械设备、五金产品及电子产品批发；机械设备租赁。（依法须经批准的项目，经相关部门批准后方可开展经营活动）

注册资本　陆仟陆佰陆拾万元整

成立日期　2019年07月30日

营业期限　2019年07月30日至2069年07月29日

住　　所　湖南省长沙市岳麓区天顶街道竹马巷75号

登记机关

2020年6月8日

洪氏家庙成立湖南洪氏文化传播有限公司，在市场管理部门登记注册，攸县政府将新建的洪秀全纪念堂列为县级文物保护单位

十三

韶山市
毛氏宗祠

韶山毛氏宗祠为毛氏族人祭祖、议事之所，1758年动工，历时5年建成

图为毛氏宗祠的大门和门神

宗祠后厅设有敦本堂，供奉韶山毛氏始祖毛太华的铜像

毛氏宗祠建筑面积668.8平方米，中间有天井

毛氏宗祠议事堂曾开办学校，供族中子弟读书

韶山毛氏始祖毛太华于元代从江西吉安迁往云南永胜避难，后因军功调至湖南任职

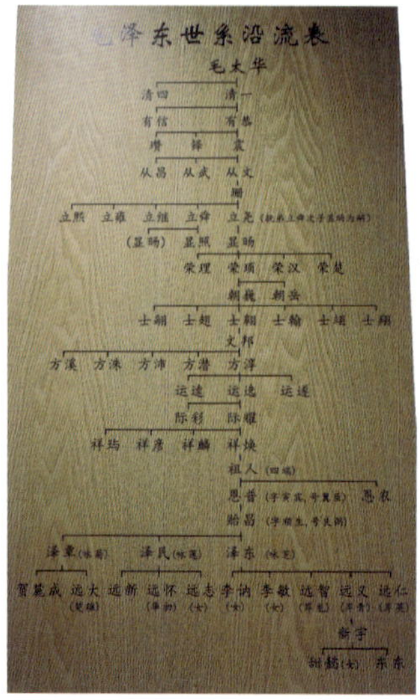

毛太华与其子毛清一、毛清四等在韶山安顿下来

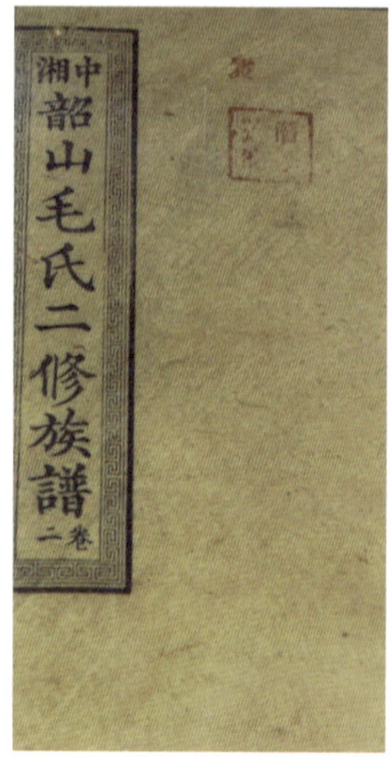

韶山毛氏族谱封面

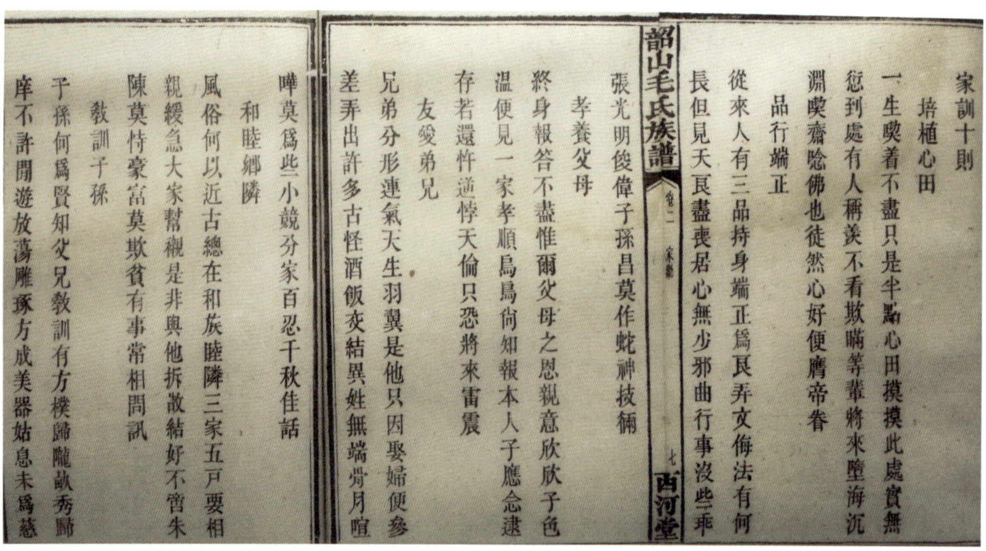

毛氏《家训十则》

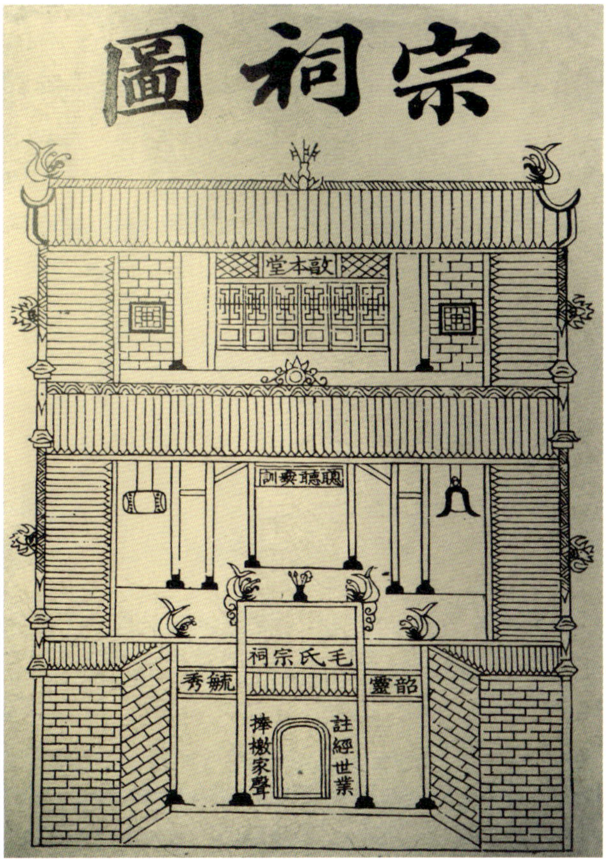

前人绘制的毛氏宗祠平面图

毛氏宗祠于1983年被列为湖南省省级文物保护单位

毛泽东主席去世后，每年都有大批群众从全国各地来到韶山，缅怀这位人民领袖

毛泽东的故居成为人们怀念与向往之地

老一辈人始终惦记毛主席造福人民的丰功伟绩

毛主席的儿媳邵华和孙子毛新宇，对毛主席怀有无尽的思念，毛新宇一直潜心研究毛泽东思想和明史

图为毛主席的孙媳妇刘冰和重孙毛东东。毛东东3岁就能背诵多首毛主席诗词

十四

湘潭县 尹氏宗祠

湘潭县白石镇尹家冲村尹氏宗祠，始建于清光绪三十一年（1905），竣工于清宣统元年（1909）

尹氏宗祠又名妙公祠，为砖木结构四合院，建筑面积1317.18平方米，宗祠防火山墙飞檐翘角，造型精美

宗祠分两进，正厅左右墙壁上的“忠孝廉节”是宋代理学家朱熹所书

宗祠前厅为戏楼，中间是天井，后进为享堂，湘潭县文物管理所赵剑峰介绍，宗祠的日常维护靠尹氏子孙，大的维修向省文物局申报，最近省里已确定拨付宗祠安防项目资金74万元，古宗祠防雷击、防白蚁、防漏雨是安保大事

白石镇尹氏一族先祖从甘肃天水迁至尹家冲村，如今已传至二十一代（至2020年）

2020年，据宗祠看护人尹佑民（55岁）说：宗祠享堂供奉的牌位，最上一层是宗族先祖，中间一层是做过官的，下面一层是老百姓；现入祠摆放一张牌位要交500元维护费

尹佑民父亲义务看护打理宗祠30多年，父亲去世后，尹佑民接过宗祠护理的工作，负责打扫卫生、接待来人，一个月宗祠理事会给他补助300元

现宗祠一年捡瓦等维护需开销2万多元，大的祭祖活动甘肃天水、河南、四川、香港等地尹氏族人也来参加，最多时开饭80多桌，花费10多万元，所需费用主要是族内老板捐献，族人凑份子。宗祠内供有齐白石像，纪念他当年应邀参加尹氏宗祠建造和木雕工作所作的贡献

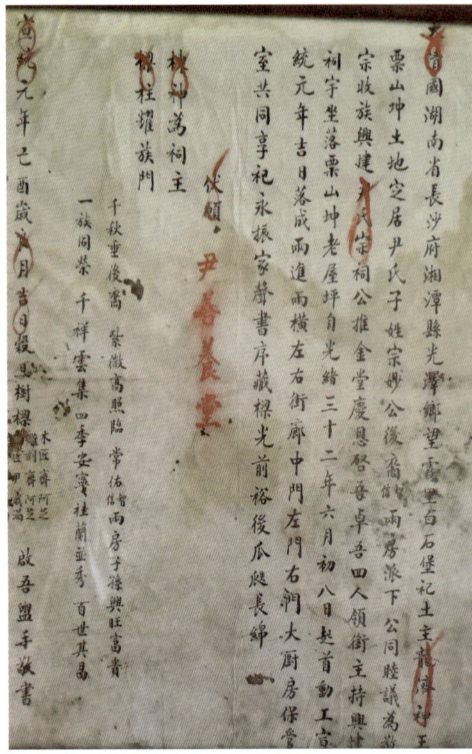
大清國湖南省長沙府湘潭縣光澤鄉望霞壘白石堡祀土主龍潭神王
粟山坤土地空居尹氏子姓宗妙公後裔信智兩房派下公同睦議爲
宗收族興建尹氏宗祠公推金堂慶恩啓吾卓吾四人領銜主持興建
祠宇坐落粟山坤老屋坪自光緒三十二年六月初八日起首動工宣
統元年吉日落成兩進兩横左右街廊中門左門右門大厨房保管
室共同享祀永振家聲書序藏樑光前裕後瓜瓞長綿
伏願 尹養堂
棟神爲祠主
樑柱耀族門
千秋垂後裔 紫微高照臨 常佑信智兩房子孫興旺富貴
一族同榮 千祥雲集 四季安寧 桂蘭並秀 百世其昌
木匠齊阿芝 雕刻齊阿芝
宣統元年己酉歲八月吉日 樹樑 啟吾盟手敬書

尹氏宗祠内梁架上的《金凤寻巢》《顽童问路》《太白题诗》《松鹤延年》等木雕相传为齐白石早年之作。由于尹氏宗祠的历史文化和艺术价值，它被列为湖南省省级文物保护单位。这张清宣统元年（1909）宗祠竣工时保留下来的手书凭证，记载了木匠、雕匠齐阿芝（即齐白石）参与建造宗祠的事实

这是位于湘潭县白石镇杏花村星斗塘的齐白石故居。齐白石在这里出生、生活，做木匠、雕匠、画匠三十多年，为他走出湘潭，成为国画大师打下了坚实基础。此处现为全国重点文物保护单位

齐家老屋上方的星斗塘，传说有陨石落于此。齐白石幼时常在塘里钓虾，在塘边捕捉蝴蝶、蜻蜓和小虫

近代湘潭县出了毛泽东（别名石三伢子）、彭德怀、齐白石三位杰出人物，人们习惯性称他们为“红石、乌石、白石”。距离白石镇杏花村约50公里外就是乌石镇乌石村彭家围子彭德怀故居，1925年，由时任湘军营长的彭德怀出资，其胞弟彭金华、彭荣华修建。“彭德怀同志故居”七字为邓小平同志1982年题写

1958年和1961年，彭德怀两次回故乡，在故居东正房住了一个多月，接待干部群众2000余人次，撰写了5个农村调查报告

1940年，彭德怀在华北指挥百团大战抗击日寇，国民党反动派在湘潭老家将二弟彭荣华杀害，大弟彭金华被捕几天后也惨遭杀害。彭德怀故居作为全国重点文物保护单位，被湘潭市和湘潭县列为革命传统教育基地。图为故居讲解员向婷向参观者介绍故居情况

彭德怀出生于1898年，1974年去世。他1928年加入中国共产党，先后任过红三军团总指挥、八路军副总指挥、解放军副总司令、中国人民志愿军司令员兼政治委员，是中华人民共和国开国元帅，为中国革命和建设作出了杰出贡献。1998年，国家投资建设的彭德怀纪念馆竣工开馆，展示他的生平业绩

1957年国庆节，国防部部长彭德怀元帅在天安门城楼上。

在20世纪50年代抗美援朝战争中，中国人民志愿军共任命了五任司令员，分别为彭德怀、陈赓、邓华、杨得志、杨勇，都是湖南人，他们以湖南人的血性、勇毅和担当，为新生的中华人民共和国赢得了多年安宁

十五

湘乡市
褚公祠

褚公祠，坐落在湘乡市区夏梓桥街，系唐代书法家褚遂良居湘遗址

褚公祠为湘乡市政协倡议恢复修缮，2019年被列为湖南省省级文物保护单位

湘乡市近五届政协将弘扬中华优秀传统文化，修复地方文物古迹作为一件大事，在市委市政府的支持下着力推进

湘乡市书协主席罗志坚说，市政协为湘乡文化人办了不少好事，褚公祠成为书法家交流、展示作品的地方

湘乡市政协主席彭初阳介绍，市委市政府近些年已筹措投入近10个亿的资金，扶持文化建设项目，市政协牵头做了协调工作

2020年，湘潭市政协副主席周佩珞（左四）等一行人到褚公祠考察

湘乡市政协负责协调的省级文物保护单位云门寺维修扩建已经完工

云门寺观音阁建于宋皇祐二年（1050），门口摆放的是清乾隆皇帝为母亲做寿赠送给云门寺的“圣寿无疆”鼎，大殿内供奉木质泥塑金胎的千手千眼观音，实际只有998只手和998只眼，加上朝拜者本人手眼，即为1000只，体现“我心即佛”

云门寺当家印相（2020年受访时28岁），益阳南县人，家里有一位哥哥。他2017年毕业于中国佛学院，读本科四年，硕士三年。他说，寺里有15位法师，早上4点半起床，5点诵经，一日三餐，有的僧人过午不食

据说湘乡市佛门居士有近千人，其中十多位经常到云门寺做义工。罗培如居士今日值守，负责收功德钱、香火钱。据印相当家介绍，所收钱款除维持寺庙运转外，也做些慈善事业

十六

湘潭市雨湖区 刘道一烈士祠

刘道一烈士祠，原为湘潭县守备衙门，辛亥革命后临时革命政府将此作为纪念辛亥革命烈士刘道一的祠堂

刘道一无后，其兄刘揆一（民主革命家，华兴会副会长）现有子孙40多人。刘道一烈士祠现为爱国主义教育基地，由住在这里的刘揆一孙子刘成亮（2020年受访时75岁）看护

2020年，刘道一烈士祠所在地湘潭市雨湖区城正街道泗洲庵社区主任谭根林介绍，烈士祠是刘家私产，刘揆一夫妇去世后安葬在后院

据雨湖区同志介绍，原守备衙门有40多间房子，1957年公私合营时收归公有，现为多户居民居住。刘成亮夫妇都是企业退休职工，与街邻的关系处理得很好

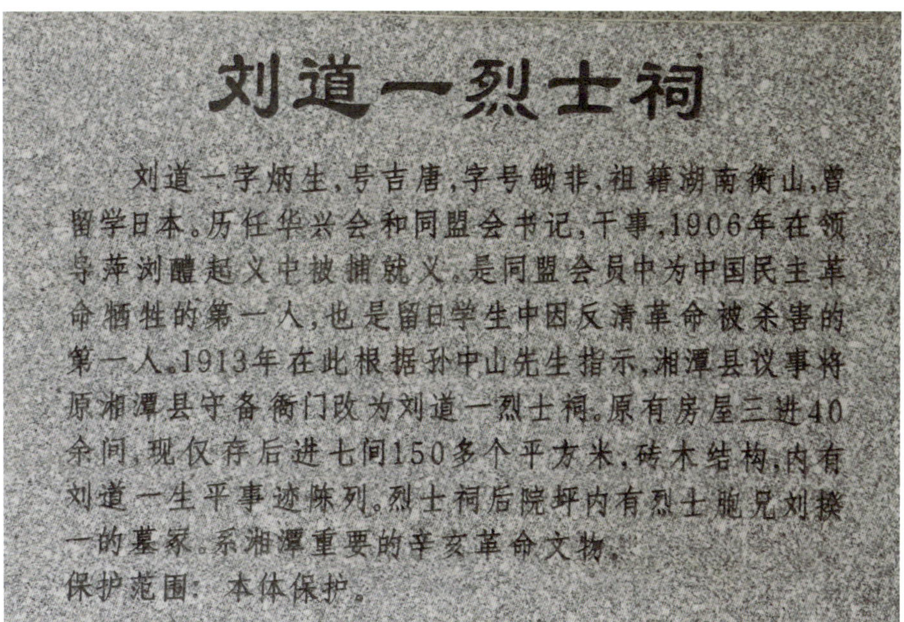

刘道一烈士祠被列为湘潭市市级文物保护单位

十七

衡阳市
黄氏、蒋氏、龙氏、莫氏宗祠

衡阳市珠晖区东阳渡街道沿江村黄金组黄氏宗祠，建于清光绪二年（1876），宗祠建筑规模宏大、气势雄伟，具有清代湘南典型的宗祠建筑特点

黄氏宗祠布局是两进两厢，中间为天井

黄氏宗祠寝堂。寝堂神龛在“文革”“破四旧”时被族人分散保存，1994年宗祠维修时，族人送到宗祠复原

族人黄贵洪（2021年受访时73岁，初中文化）做过生产队会计，1963年住进宗祠，一直守护到1994年搬出。他说，宗祠曾3次被盗，被盗走的有木雕造像、石狮子、大门门厅雕花石座等

黄氏宗祠管委会理事长黄玉华（2021年受访时58岁，初中文化，木工）说，附近黄姓族人有1300多人，修缮宗祠时政府以奖代补20多万，族人筹资200多万，平常管委会请族人看护，一年补助报酬3800元

黄氏宗祠管委会部分成员。黄氏一族明代从江西迁来此处，宗祠在土改后办过学校、做过仓库，在新中国成立前宗祠修过族谱

衡阳市珠晖区东阳渡街道高栗村蒋氏宗祠，始建于清嘉庆二十五年（1820），建筑面积573.5平方米

蒋氏族人蒋修良介绍，宗祠雕梁画栋，工艺精湛

宗祠布局为两进两横，是蒋氏族人捐资修缮的

首进门厅藻井绘有历史故事，中间为蝙蝠，意为福到

蒋氏宗祠守护者蒋秋贵（2021年受访时59岁，高中文化）。他抱着孙子帮来客开宗祠侧门。宗祠遇有祭祖等族务大事，才能打开大门迎客

衡阳市雁峰区岳屏镇兴隆村中间塘龙氏宗祠，建于清嘉庆八年（1803）。图为2021年，老村支书龙晓日（右）与村妇女专干王红英（中）、宗祠理事长龙养福（左）在宗祠坪场

宗祠土改后办过学校、粮油加工厂、农机厂、冶炼厂，2012年启动修缮，村民自筹40多万元，村里出资10万元，区里补助2万元

宗祠理事长龙养福介绍，村里龙姓人口占七成，龙氏宗祠产权属于村里所有，作为村里公产使用

衡阳市蒸湘区呆鹰岭镇鸡市新村莫湾组莫氏宗祠，建于清宣统二年（1910），为莫氏四兄弟所建。如今，莫氏后人已扩展至11000余人

莫氏后人莫崇华与莫崇成展示前人撰修的族谱

2021年，衡阳市蒸湘区文化旅游体育局局长陈娟介绍，莫氏宗祠是衡阳市市级文物保护单位，使用手机扫二维码可查看宗祠资料

2021年10月，衡阳市有关领导到莫氏宗祠察看文物保护情况

十八

衡东县荣桓镇南湾村罗氏祖祠（异公享祠、壶山公祠、令德公祠）

衡东县荣桓镇南湾村罗氏祖祠。明洪武元年（1368），罗氏先祖思聪公偕弟思洪、思德为避战乱从江西吉水县迁居湖南衡山县，定居在罗家垅，开基为黑田房，称“衡东黑田罗氏”

南湾村异公享祠。清顺治年间，思聪公第十世孙罗宇贵分迁南湾。1914年，罗荣桓的父亲罗国理为纪念十二代先祖罗异三（曾任郴州学政），在南湾街上修建异公享祠

罗荣桓1902年出生于南湾旗杆屋场新大屋，1915年迁居于异公享祠。异公享祠于1985年修复，作为罗荣桓故居，2013年被列为全国重点文物保护单位

南湾街上还建有罗氏支房壶山公祠

南湾罗氏支房令德公祠

南湾古戏台

建在南湾罗家山上的罗荣桓元帅铜像。故居和铜像广场已成为进行党史学习教育的基地

每年到罗荣桓故居及其生平业绩陈列馆参观学习的有30多万人次

罗荣桓在长期的革命斗争中积劳成疾，1963年12月16日在北京去世，享年61岁。毛主席赋诗悼念：君今不幸离人世，国有疑难可问谁?

罗荣桓与毛主席等参加井冈山斗争的部分同志在延安合影

罗荣桓元帅

十九

常宁市庙前镇中田村李氏宗祠

常宁市庙前镇中田村李氏宗祠，始建于清康熙年间，抗日战争时期一度拆除，将材料用于修建碉堡，抗战胜利后宗祠恢复重建

李氏宗祠在民国时期曾驻过军队，土改后办学一直到1996年

2020年，中田村村支书李明磊说，全村1400多人，有1000余人姓李，宗祠除祭祖、聚会外，平常用于村民办理红白喜事，新中国成立后村民婚宴改在家里办，老人去世才在宗祠操办

李明磊给来调研的政协同志介绍，宗祠维修由常宁市文物管理局拨款，平常维护由村里请人，负责年节上香和日常打扫卫生，全村有400多人外出打工，春节、清明回来，宗祠祭祖在清明进行

宗祠是李氏先祖中的乡绅牵头建造的。中田村开始只有李姓一族，后来发展到20多个姓氏

中田村现在是村支书、村主任一肩挑，政府月补贴2520元。村秘书等四个主要干部待遇为村支书补助的85%~90%。村支书一年用在村里公共事务上的时间有300多天，村民都反映村支书工作忙

因宗祠旁边为学校，村里老人过世改在村礼堂办丧事。去世老人一般压3、5、7早（即停柩3、5、7天），在村礼堂吊唁并开餐

亲属在去世老人出殡前一天宴请宾客。图为乡亲正在杀鸭子准备荤菜

中田村古民居始建于明永乐二年（1404），迄今已有600余年历史，是衡阳市最大的明清古建筑群

中田村现保留有老宅100多栋，天井200多个，巷道108条，老宅多为硬山顶，“金子屋”形制，无檐无廊

村落巷道两边是封火砖墙，砖墙开有内宽外窄的窗户，可以防火、防盗、防土匪

数栋深宅大院有天井、前庭、中堂和厢房

大院四周为高墙，内屋主要靠天井采光

中田村古建筑群包括民居、商铺、宗祠，2019年10月已成功申报全国重点文物保护单位。2020年，负责联系中田村的庙前镇政府主任科员晏未说，多数村民已经从老宅搬到附近新街建房，村民支持镇政府搞村庄整治、古建筑群保护和旅游开发

二〇

耒阳市
蔡侯祠，梁氏、谢氏、贺氏、欧阳氏宗祠

重修于清代的蔡侯祠，位于耒阳市城区蔡伦故居旁，原为蔡伦庙，是纪念蔡伦的礼制建筑

蔡伦，字敬仲，东汉永平末年入宫为宦官，后由小黄门升为尚方令，主管制造御用器物。他总结前人经验，创造利用树皮、麻头及破布、渔网造纸之法，通过改进技术，生产出“蔡伦纸”，元初元年（114）被封为龙亭侯

在蔡侯祠后面百余米处，建有蔡伦墓，墓碑为郭沫若先生题写，据说是蔡伦的衣冠冢

蔡伦造纸术系中国古代四大发明之一，影响了中华文明的历史进程。耒阳市依托蔡侯祠与蔡伦墓（全国重点文物保护单位），修建了蔡伦纪念园

位于耒阳城区水东江社区的梁氏宗祠，始建于清同治年间，在湘南起义期间为朱德领导的工农革命军司令部

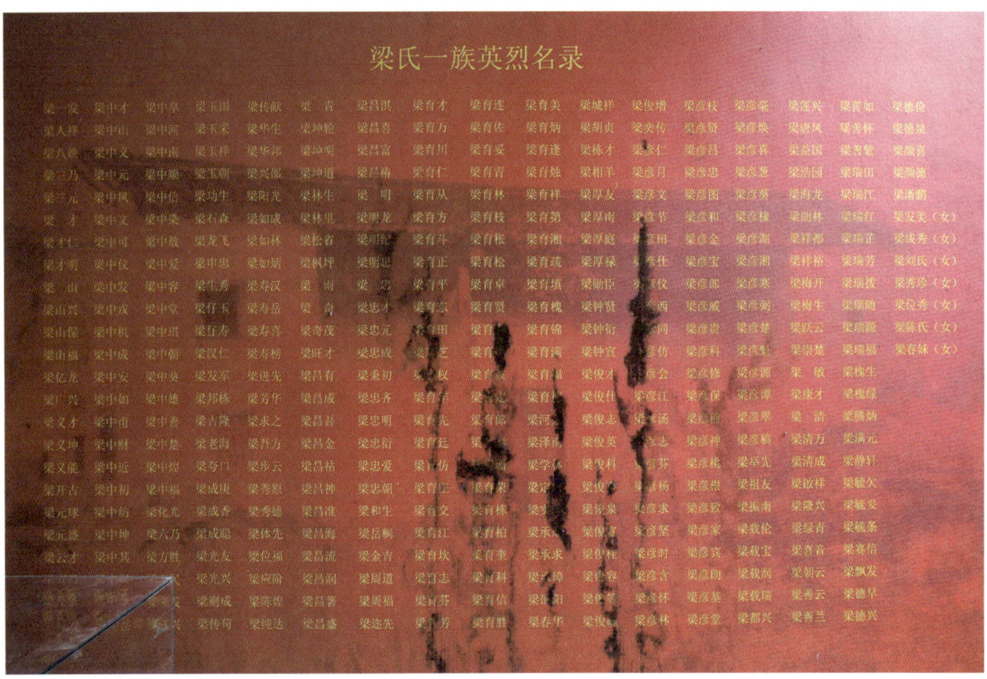

耒阳梁氏一族，在革命中涌现了大批英烈，他们的英名在梁氏宗祠受到供奉

在波澜壮阔的湘南起义中，朱德坐镇耒阳一个多月，耒阳有名有姓的革命烈士达2万多人，无名烈士1万多人。这些年，来梁氏宗祠瞻仰学习的后人络绎不绝

市文物局讲解员小贺，是耒阳早期革命领导人贺恕的同村老乡，她在梁氏宗祠讲解湘南起义革命故事时饱含深情

1928年2月，朱德在耒阳与毕业于湖南省立女子第三师范学校、担任耒阳县苏维埃政府妇联主席的伍若兰结为夫妻。之后，朱德率湘南起义军从耒阳集结出发，与毛泽东率领的秋收起义部队在井冈山会师，建立了井冈山革命根据地

始建于清雍正三年（1725）的谢氏宗祠，现叫“培兰斋”，湘南起义期间，这里为中共耒阳县委机关办公地，朱德、王尔琢等湘南起义主要领导在这里办公

伍若兰跟随朱德上井冈山后，在赣南作战中受重伤被俘，英勇牺牲，成为朱德总司令一生之痛。培兰斋庭院建有朱德、伍若兰的雕像，供后人瞻仰

耒阳市将培兰斋打造成革命传统教育基地，以此激励后来人不忘革命先烈为建立新中国作出的牺牲和奉献

耒阳市太平圩乡寿州村贺氏宗祠，称“养德堂”，又名“当代儒宗”，为三纵三横院落式建筑，祠堂通宽六间，深三进，高两层

贺氏宗祠内厅高大雄伟。贺氏一族以大革命时期出过贺恕等中共早期革命家自豪。1921年10月，贺恕经毛泽东介绍加入中国共产党，他先后任过中共湘西南特委书记、中共江西省委书记，为革命痛失多个子女

市文物局蒋柏青介绍，寿州村贺氏先祖于明洪武年间迁入寿州，现村落保留有20余栋清代院落式建筑。图为大户人家门前的旗杆石

寿州村被列入第四批中国传统村落，由建设部门拨款进行修缮

村支书兼村主任龙元香（左二）、村副支书贺尊良（左三）在寿州村老湾“文忠第”门口。据市里介绍，2020年耒阳市开始探索“湾村明白人”基层治理模式，全市有900多位乡村“五老”被选为“湾村明白人”，他们积极参与村组文明建设，帮助调解矛盾纠纷

耒阳市长坪乡石枧村欧阳氏宗祠。欧阳氏先祖从江西迁来石枧定居，至今已有500多年

该村姓欧阳的村民，以北宋政治家、文学家欧阳修为先祖。石枧村落布局“前有照，后有靠”，体现了“天人合一”的理念

欧阳氏宗祠内部建筑因年久失修已毁损，族人捐资在原址上修复了祭祖厅堂，称“庐陵第”

石枧村村支书欧阳光明介绍，市委市政府对村级组织建设很重视，市财政给5至7名村主干补贴工资，其中给村支书兼村主任月补助3300元，副主任、村会计、村民兵营长、妇女主任及组织委员补助村支书报酬的70%左右，现村支书一年用在村级事务上的时间在300天以上

二一

祁东县
魁公祠、双溪公祠

祁东县双桥镇丁塘村魁公祠，始建于清光绪十六年（1890），系周姓三房祖先魁公子孙所建，由正门前池塘、花圃及牌坊、戏台、前后殿等组成

丁塘村村支书周拥军说，全村2400多人，90%姓周，宗祠原为周姓三房族人祭祀、办公场所，后来办过小学、初中。他在这里读过小学，现在的教室为1992年修建，学校叫丁塘小学

魁公祠占地4000多平方米，原宗祠两边厢房及附属建筑被拆除，改建为学校教室

公祠戏台保留完好。魁公祠已被列为县级文物保护单位

祁东县文物保护主管部门与双桥镇负责同志到魁公祠察看文物保护情况并与学生合影

学校学生最多时有300多人。现有教师9人，学生60多人

学校保安周玉英说，学校生源不足，不少孩子到镇里、县城读书去了

祁东县双桥镇金盆村双溪公祠，系国民党少将彭林生倡议修建，1940年开工，1944年建成，为中西结合风格，是彭氏族人祭祖之所

双溪公祠在新中国成立后收归政府，改办学校，学校迁走后，彭氏族人建立双溪文化研究会，推举彭国生（左二）任研究会理事长，牵头组织族人筹资修缮公祠

公祠产权目前尚未确定给彭氏族人，研究会希望政府尽早确权，以调动彭氏族人维护、修缮公祠的积极性

金盆村村支书彭崇巍说，公祠寝堂是后来恢复的

祁东县农村有40%左右青壮年外出打工，毕业于湖南师范大学的陈亮伟回乡创办寄宿制的启航学校，接收外出打工农民子女1500多人，他邀请湖南科技大学艺术学院音乐系教授王育霖带领的志愿团队，办起启航留守儿童合唱团，为留守儿童打造了温馨家园。图为2022年，湖南省与衡阳市关工委领导杨泰波、谢宏治等同志到启航学校调研

二二

洞口县高沙镇
曾氏宗祠（曾八支祠）

洞口县高沙镇石堰村曾氏宗祠，始建于清乾隆七年（1742），相传北宋末年，曾文昭公自新化迁居高沙石堰，生一子八孙，繁衍八支，后裔建祠，故又称之为“曾八支祠”

曾氏宗祠门楼分为左、中、右三座，中楼六柱，八字开门，三层飞檐，粉墙黛瓦，大门以条形青石构筑，上方阴刻“曾氏宗祠”，塑有人物、走兽造像

曾氏宗祠沿中轴线纵深布局，由门楼、阁楼、前厅、过廊、中堂（礼堂）、寝堂、宗圣阁、两侧钟鼓楼、走马楼以及东西厢房组成，建筑面积4260平方米，为湖南省现存规模最大的宗祠建筑群

曾氏宗祠前后有五进，抗日战争时期，黄埔军校军官总队和第三后方医院在此驻扎，宗祠的二进墙面石刻“忠孝廉节”为宋代理学家朱熹手笔

清朝中期，南方诸省曾氏在此设立谱局，修谱联宗。清代名臣曾国藩来祠拜族，留下了“春风沂水”等墨宝。图为祭拜先祖的寝堂

宗祠厅堂多为抬梁式构架，建筑物之间开有圆形门洞与过廊相连，两端砌马头墙以防火。整个宗祠建筑柱大梁粗，雕刻精美，布局对称

1992年，曾氏族人筹资将原属粮食部门管理的曾氏宗祠买下，前后筹款800多万元，维修保护曾氏宗祠。2013年，曾氏宗祠被列为全国重点文物保护单位，宗祠宝顶做了防雷处理，内部增添了消防设施

曾传国做过10年曾氏宗祠管委会会长，现为设在宗祠的高沙文史博物馆馆长。他说，洞口县有曾氏5万多人，其中高沙镇有曾氏2万多人，是山东曾子的后裔，宗祠第五进宗圣阁供奉曾子牌位及“宗圣遗像”石碑

曾氏宗祠清末起办过族学，土改后被政府接管，改办国有粮站。宗祠管委会老会长曾传国（左二）、副会长曾荣（左三）、办公室主任曾兆和（左一）、后勤总务主任曾昭石（右一）介绍，宗祠一年维护费用要20来万元，主要是捡瓦维修、守护保洁和春节、清明祭祖以及水电费等开销

族人曾昭军是洞口曾氏第二十三代子孙，他与爱人及两个孙子住在曾氏宗祠，负责看护，防火防漏雨，爱人打扫卫生，宗祠管委会一年补贴他家1.8万元。老曾白天外出做木匠，晚上护祠，被县政府评为文物保护先进个人

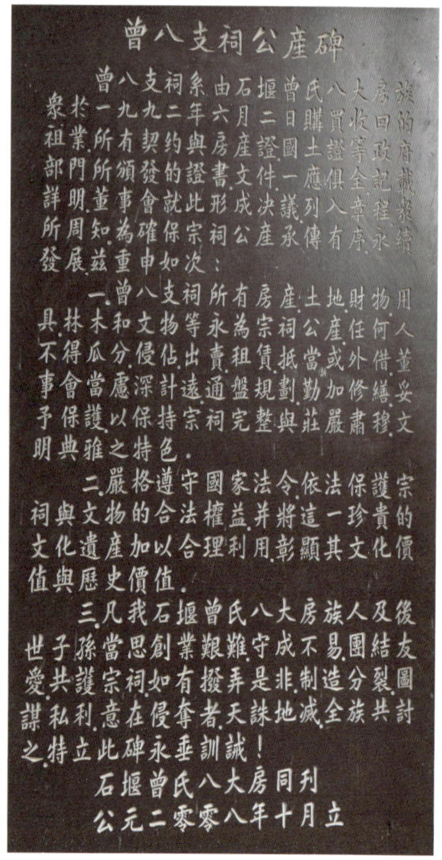

曾八支祠公產碑

曾八支祠系由石堰曾氏八大房族衆於一九九二年六月二日購買收回的祖業，所有契约與房產證，國土證等政府部門所頒發的證書，文件，一應俱全，記載詳明，董事會就此形成决議，列入章程，衆所周知，為確保宗祠公產承傳有序，永續發展，兹重申如次：

一、曾八支祠所有房產，土地，財物，用具，林木和文物等永為宗祠公產，任何人不得瓜分，侵佔，出賣，租賃，抵當，或外借，董事會當慮深計遠，通盤規劃，勤加修繕，妥予保護，以保持宗祠完整與莊嚴肅穆，文明典雅之特色.

二、嚴格遵守國家法令，依法保護宗祠與文物的合法權益，并將這一珍貴的文化遺產加以合理利用，彰顯其文化價值與歷史價值.

三、凡我石堰曾氏八大房族人及後世子孫當思創業艱難，守成不易，團結友愛，共護宗祠，如有撥弄是非，制造分裂，圖謀私利，意在侵奪者，天誅地滅，全族共討之，特立此碑永垂訓誡！

石堰曾氏八大房同刋

公元二零零八年十月立

2008年，曾氏宗祠管委会在祠内刻立公产碑及宗祠管理机构碑，规范管理宗祠事务，接受族人和文物部门的监督

出生于1944年的老会长曾传国经历了新旧社会的磨炼，他教过书、经过商，担任会长后，带头捐款20余万元，推动宗祠保护和“慎独修身、以俭持家”等曾氏家训文化的传承

二三

洞口县石江镇
谭氏宗祠

洞口县石江镇石田村谭本云（2019年受访时64岁，高中文化）做过19年村党支部书记，现任谭氏宗祠管委会主任

清康熙四十二年（1703），谭氏先祖谭禄崇倡修谭氏宗祠，后由五子续工建成，民国十二年（1923）复修，“谭氏宗祠”四字为时任国民政府主席谭延闿题写

从1989年开始，族人筹资76.5万元作抢救性维修。1995年成立宗祠管委会，负责宗祠的日常维护

新中国成立前，每年正月初一族人到宗祠给祖公祖婆拜年，清明时祭祖扫墓，建祠先祖生日时祭祀，族中议事在宗祠举行，但宗祠不办红白喜事

历史上，谭氏宗祠有100多亩田产，200多亩山林，平时的维护开支有祠产收入作保障

村里60～70岁的老人记得，“文革”时已撤掉戏台、厢房

谭氏宗祠占地2642.52平方米，由前后三进正房和厢房组成

谭氏宗祠管委会正在翻查资料，牵头续修族谱

本村和附近乡村在谭氏宗祠认祖的有6000多人。最近一次撰修族谱是1991年，族人每人捐资20元，也有家境好多捐的。那次修谱历时3年，花费10多万元

当过民办教师的谭本香，高中文化，谭氏宗祠管委会副主任，负责第七次续修族谱的文笔编稿。他预计这次修谱10多人分头做要2年时间，拟印2000册，需开支30多万元

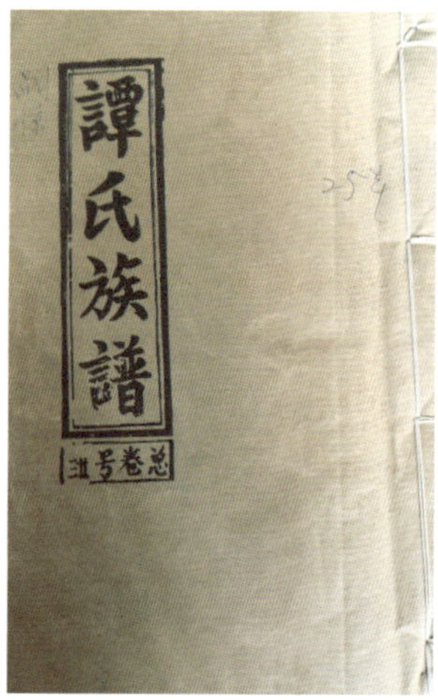

这是20世纪30年代撰修的谭氏族谱，一套10本。这次预计一套修25本，分总谱和房谱，族人每人捐资50元，有能力者多捐

谭本尧（右二，2019年受访时76岁，初中文化）担任宗祠管委会出纳，每季度向宗祠管委会报告一次财务收支情况。他说，除大的维修外，宗祠一年的开销要2万多元，宗祠筹款也搞民主理财

2019年，时任村支书的谭革文认为，宗祠活动带动民风向善，对建设团结和谐的村落文化有好处

谭氏宗祠第一进为门楼、戏台，第二进为戏坪、中堂，第三进为天井、寝堂

祭祖进香在寝堂举行。寝堂正中上方供奉始祖画像，始祖之下，供奉各房先祖，再往下摆放事业有成的去世族人和族人先辈灵牌

图为侧门石刻对联。这些对联多为先贤撰写，如大门石刻有“自颛项发祥代有文人光国史，继古谭作庙岁陈时食报宗功”，颂扬了谭氏一族建祠发达的功业

宗祠两侧设有多间厢房，平常存放祠堂用品，做办公用房，集中活动时可供各支房族人聚会开餐使用

谭氏宗祠最引人入胜的是门楼，门楼以三层飞檐翘角牌楼式建筑为中心，向两翼对称展开，用材为砖石，有浮雕、镂空、泥塑、彩绘等花鸟人物造像。谭氏宗祠被列为全国重点文物保护单位后，国家陆续下拨700多万元专项资金进行修缮保护

二四

洞口县洞口镇萧氏宗祠

洞口县洞口镇伏龙洲萧氏宗祠，始建于明正统年间，清乾隆五十二年（1787）至嘉庆四年（1799）复修，门楼系青砖砌筑，是三座并联一体的重檐牌楼式建筑。宗祠管委会有32人，平常参与宗祠维护管理的正副会长10来人，中间穿背带裤的是萧水林会长

萧氏宗祠通面阔46米，进深76.82米，建筑面积3453.16平方米，砖木结构，前后四进，产权归萧氏宗祠管委会。2002年，萧水林、萧和润等3人牵头筹资260多万元进行维修，历经5年竣工。图为2020年洞口县人大常委会主任李恒荣（前排左四）等到宗祠考察文物保护情况

萧氏宗祠沿中轴线对称布局，依次为门楼、戏台、中堂、寝堂、伏龙阁、聚义堂，两侧为钟鼓楼和厢房，戏台台顶有覆盆藻井，重檐飞翘，六角攒尖，瓷葫芦宝瓶收刹，檐下为卷棚装饰，戏台正面及两侧围板雕有古代人物戏剧故事

萧氏宗祠中堂宽敞明亮，两侧墙面刻石记事，是宗祠祭祀、议事、教化、开餐的场所

宗祠建筑明间为减柱抬梁式屋架，两头是马头墙

宗祠寝堂正中供奉萧氏三位先祖塑像及先人灵牌，宗祠一般在春节、清明、端午、中秋烧香祭祖。宗祠管委会正副会长轮流值守，会长牵头负责日常防火、安全、卫生、维修

萧氏宗祠又称“兰陵会馆”。洞口萧氏有13万人，伏龙洲是洞口萧氏先祖走水路来最早开发的地方，当年到洞口经商的族人在这里歇脚、聚会

萧氏宗祠管委会会长萧水林（2021年受访时76岁）介绍，宗祠在新中国成立后办过学校、糖厂，县公安大队、水利局、武装部在此办过公。1935年12月，贺龙、萧克率领红二方面军经过洞口，在宗祠住宿，留下红色记忆

宗祠管委会副会长萧和光说，这是红军当年留下的“跟着贺龙闹革命”等内容的标语

在宗祠管委会会议室，副会长、原县委党校副校长萧和润介绍，洞口萧氏明嘉靖年间从江西迁来，伏龙洲上原住有一个生产队，有萧氏族人100多人，1979年发大水，伏龙洲被水淹，宗祠淹水1.7米深，整个生产队就搬迁了

会长萧水林（左一）年轻时做过县化工厂厂长，木器厂厂长、厂党支部书记，他捐款20多万元，做义工近20年，致力于宗祠维修和外部环境整治。图为萧水林与同仁在现场检查督促施工。萧氏宗祠2013年被列为全国重点文物保护单位

萧氏宗祠所在的伏龙洲，隔着绕洲而过的平溪江，与洞口县城老城区相守相望

二五

洞口县石江镇
钟元帅庙

洞口县文化旅游广电体育局文物股文物专干付卫峰时常到钟元帅庙巡查，他说，像钟元帅庙这样依山临水、气势恢宏的古祠堂存世不多

钟元帅庙，即江阴侯祠，创建于明万历年间，是当地钟姓族人为纪念其先祖元末招讨元帅钟培英而建

钟元帅庙管委会成员有27人，其中7位热心族务、威望较高的长者负责日常打理维护

钟美清（2019年受访时68岁）担任宗祠管委会主任，负责牵头组织祭祖、撰谱、济困、修缮等宗祠活动

钟元帅庙被列入全国重点文物保护单位后，国家拨款1000多万元进行修缮

钟元帅庙经过清代重建和相继扩建，形成了前后四进、两侧厢房组成的建筑群，占地面积1855.72平方米

钟元帅庙由前至后，中轴线上建有牌楼大门、二门（前殿）、中殿、云天阁、钟鼓二楼及后殿，层层加高，祠内天井植有几百年的罗汉松

钟楼、鼓楼分别建在云天阁两侧，为纯木结构，重檐灰顶，台顶有覆盆藻井，檐下为卷棚装饰。钟细长老人回忆，他1962年在这里读小学，当时学校办有12个班，有10多个老师，400多名学生

文物专干付卫峰告诉我们，像这样规模宏大的民间古建筑，最要注意的就是防火，国家拨款解决的重点问题是搞消防建设，光做防雷击设施就花了40多万元

上级文物部门对“国保”文物安全盯得很紧，与钟元帅庙管委会签订了责任书

钟元帅庙门楼为砖石结构，融西洋和民族建筑风格于一体，顶部为方锥形，上为展翅欲飞的泥塑雄鹰

钟元帅庙的门框多为石料打制，刻有多副门联，如二进前厅的门联曰“操成大鹏志，捷入古圣门”，鼓励钟姓学子奋发成才。这是钟元帅庙被列为全国重点文物保护单位时，洞口县政府立的碑

2019年，时任石江镇党委书记的伍卫彬认为，宗祠宣扬的诚信、孝悌和重视子女教育等内容，如引导得好，对弘扬社会主义核心价值观、促进基层治理有正面作用

洞口县文旅广体局制发签订的消防安全责任书

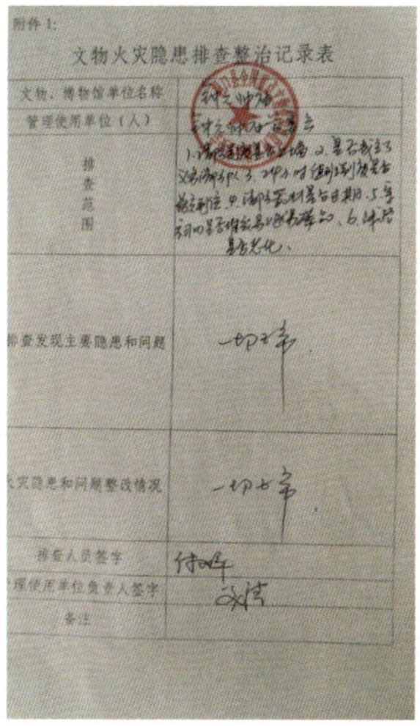

文物专干付卫峰签字的钟元帅庙火灾隐患排查记录

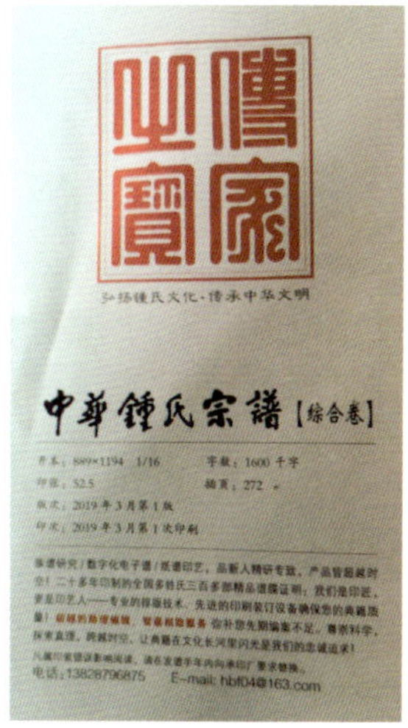

这是2019年编撰的《中华钟氏宗谱》，钟元帅庙所在地洞口县石江镇双江村有钟姓后人600多人（全球钟姓有664万人）

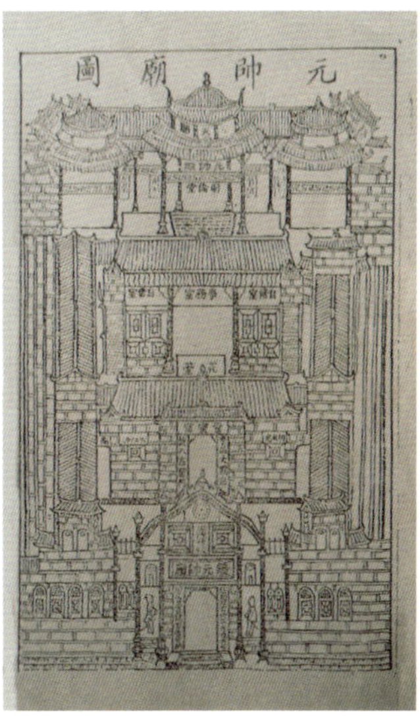

清代遗留下来的钟元帅庙平面布局图

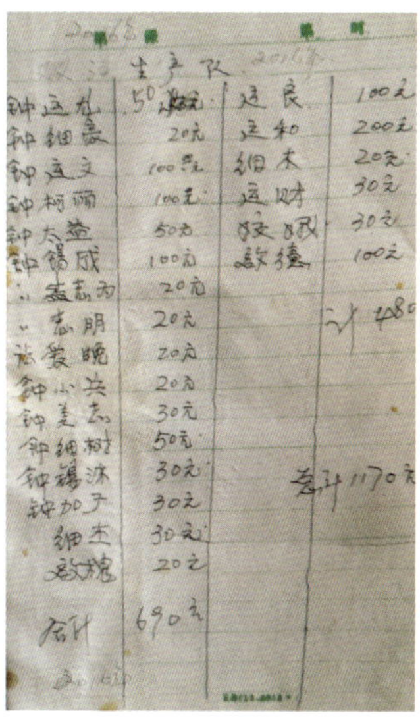

钟元帅庙宗祠活动捐款登记表

二六

隆回县西洋江镇
湖公祠

湖公祠，位于隆回县西洋江镇湖桥里村，建于清代，堂号为叔兴堂，是当地湖公派下的分祠

据本地老人介绍，湖公祠是为纪念当地宁氏十一世祖祖燕公而建。生于明嘉靖年间的祖燕公称“湖公”，他在世时拥有良田千顷，一生急公好义，赈灾修桥，葬死恤孤，受到朝廷旌表

湖公祠的守护人员以宁姓族人选出的管委会为主，他们熟悉宗祠的前世今生

宁国金（2019年受访时67岁，大专文化）做过隆回县商业局局长，因见多识广、在村内族人中辈分高，当选为湖公祠管委会主任。他说，祭祖时使用的旌旗有讲究，左边这面是代表女性族人的

遇到湖公祠举行活动，村里的小孩也过来看热闹

2019年，湖桥里村村支书宁教强说，宗祠管委会正在续修族谱，上次续修是1991年

原县文物局副局长戴鹤说，现在维修祠堂和续修族谱，年轻人愿意捐钱，他分析是外出打拼的年轻人根脉在村落、在祠堂

家住在祠堂旁边的退休教师宁子炎负责祠堂的日常照看。他说他出力是为子孙守护祖宗，不要任何报酬

近年来，湖公祠的维修花了100多万元，除政府拨款20万元外，其余为族人自筹

湖公祠占地面积1300平方米，布局为三进两天井，依次是大门牌楼、戏楼、中堂、后寝，中间间隔两天井，两侧为廊

戏楼面阔五间，进深二间，台顶为内收八角交错叠涩式藻井，屋顶重檐翘角，宝瓶收刹

湖公祠厅堂大柱基石多为精雕细刻的精品，展现了清代江南民间石雕的工艺水平

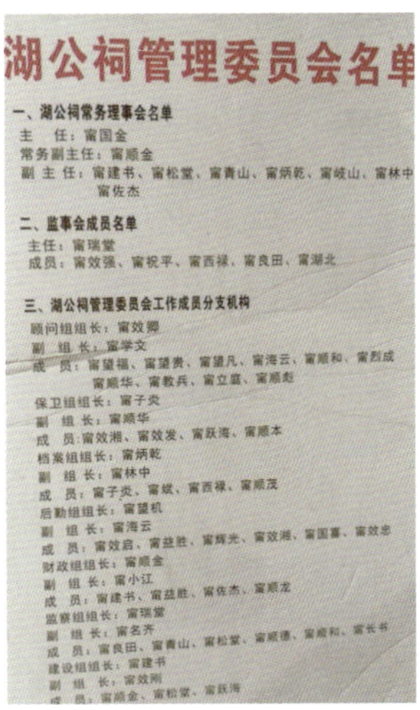

湖公祠被列入湖南省省级文物保护单位后，管理走上正轨

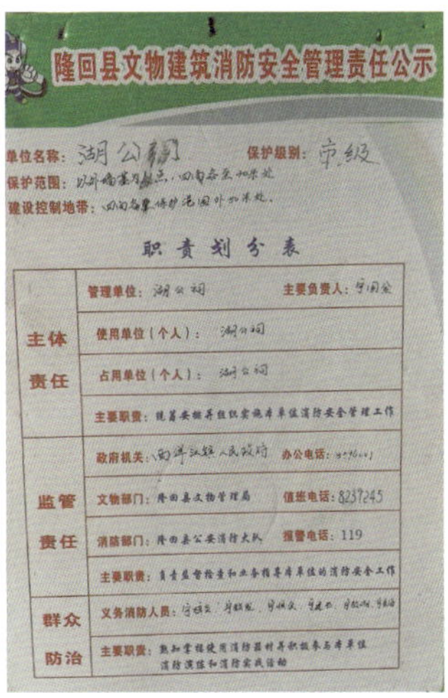

宗祠消防安全方面也确定了6名义务消防员

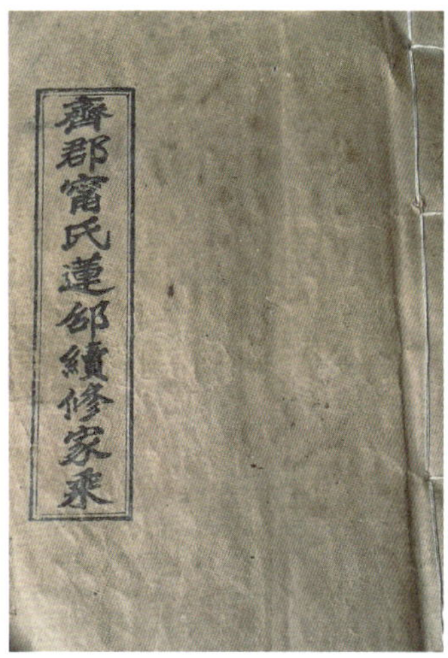

民国时期撰修的宁氏族谱

二七

武冈市
霍氏、苏氏、欧氏、匡氏宗祠

武冈市文坪镇霍氏宗祠，坐落在双龙兴村与黄泥坳村之间，始建于明嘉靖年间，重建于清光绪元年（1875），占地面积2160平方米

在宗祠认祖的霍姓后裔有5500余人。退休中学体育教师霍仁坤（88岁）与老伴燕桂蓉及两村热心人士，利用宗祠设立老年活动中心，开展文娱体育培训及道德教育讲堂，霍老夫妇被评为全国“最美家庭”

宗祠为砖木结构四合大院，有戏楼和多间教室，利用宗祠办学已有200多年历史。当年在宗祠读书长大的女孩子，现在又返回宗祠跳起了扇子舞

村里的中老年妇女组织的百灵鸟舞蹈队有60多人，逢节庆她们就为村民和族人义务演出

遇宗祠举办重大文体及道德讲堂活动，双龙兴村村支书霍德跃（二排左一）、黄泥坳村村支书李海叶（二排右一）到场指导鼓劲

办在宗祠的学校搬迁后宗祠因无人管理，建筑失修，毁损严重。2014年，在双龙兴村霍仁坤、霍小平等族人的组织下，筹资34万元，筹劳力1500余个，完成宗祠修缮。村里将宗祠修缮前后状况拍成图片，在宗祠展示

苏氏宗祠坐落在武冈市马坪乡转龙村，始建于明初，清道光二十七年（1847）重建，后经多次扩建，面积达1889平方米。图为宗祠理事会部分成员在宗祠门口合影

宗祠戏楼为三层，每层檐角上翘，顶端绘有八卦图案，周围饰以卷棚，正面檐间设有九仙塑像

宗祠认苏武、苏轼为先祖，宗祠内外有几十副彰显优秀传统文化的对联，大厅挂有华国锋（本名苏铸）同志画像。宗祠聘请苏家媳妇王桂桃负责看护、打扫卫生，每年宗祠管委会补助她600元

宗祠做过农会、乡政府、大队部的办公地，办过学校。2019年，任过多年村干部的苏是昭（右）等宗祠管委会成员牵头发动族人捐资，共筹资180多万元完成宗祠的修缮。图为苏是昭与儿子、现任村支书苏焱琼（左）在宗祠

始建于清光绪二十九年（1903）的武冈市稠树塘镇田中垅村欧氏宗祠，宗祠大门为高22米、面阔26米的牌楼

宗祠理事会理事长欧凤禧（右，74岁），与其老师欧光仁（左，80岁）在给先祖上香。欧凤禧当过兵，做过乡村医生、教师、村主任、村支书，最近一次维修动员族人筹资30万元，市文物局补助了5万元

欧氏宗祠一年维护开销要2万多元，清明祭祖（含开饭）也要花2万多元。这两年因新冠肺炎疫情影响，族人祭祖不集体开饭了

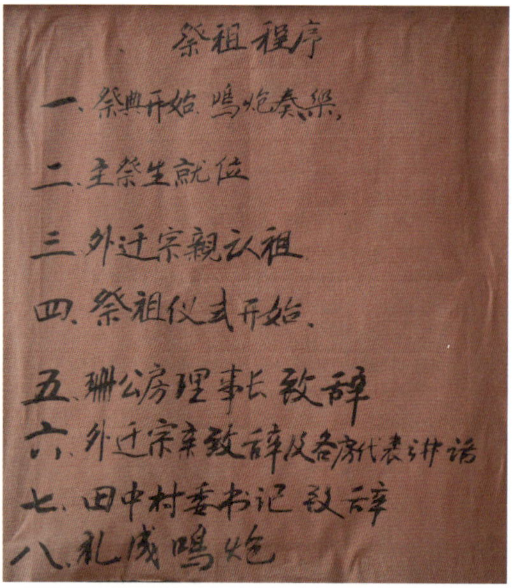

从欧氏宗祠走出的后人有6万余人，参加祭祖的只是部分族人代表。宗祠主要用于祭祖、演戏，不操办红白喜事。图为宗祠祭祖程序

2022年，武冈市人大常委会副主任杨孟秋（左六）等同志考察欧氏宗祠遗产保护利用情况

匡氏宗祠地处武冈市司马冲镇田心村，清光绪三十二年（1906）动工修建，新中国成立后收归国有，改设田心完全小学

1995年，当地政府与联校领导动议拆除宗祠改建学校，村干部与族人向市政协领导反映，通过时任市政协主席出面做工作，将宗祠保留下来

2012年，族人与村民推举已退下来的武冈市卫生局局长匡德兴为宗祠维修领导小组组长，他牵头动员族人筹资40多万元，筹劳1000余个，完成宗祠修缮任务

图为匡德兴收藏的红色文化藏品

匡德兴（77岁）多年热心红色收藏，他将部分红色文化藏品摆放在匡氏宗祠展示

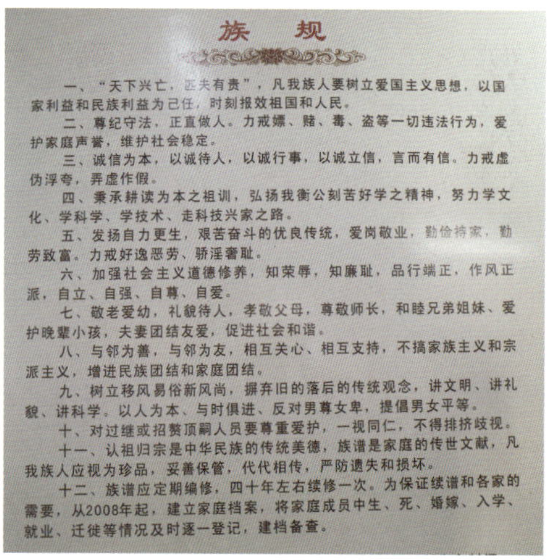

族　规

一、"天下兴亡，匹夫有责"，凡我族人要树立爱国主义思想，以国家利益和民族利益为己任，时刻报效祖国和人民。

二、尊纪守法，正直做人。力戒嫖、赌、毒、盗等一切违法行为，爱护家庭声誉，维护社会稳定。

三、诚信为本，以诚待人，以诚行事，以诚立信，言而有信。力戒虚伪浮夸，弄虚作假。

四、秉承耕读为本之祖训，弘扬我衡公刻苦好学之精神，努力学文化、学科学、学技术、走科技兴家之路。

五、发扬自力更生，艰苦奋斗的优良传统，爱岗敬业，勤俭持家，勤劳致富。力戒好逸恶劳、骄淫奢耻。

六、加强社会主义道德修养，知荣辱，知廉耻，品行端正，作风正派，自立、自强、自尊、自爱。

七、敬老爱幼，礼貌待人，孝敬父母，尊敬师长，和睦兄弟姐妹、爱护晚辈小孩，夫妻团结友爱，促进社会和谐。

八、与邻为善，与邻为友，相互关心、相互支持，不搞家族主义和宗派主义，增进民族团结和家庭团结。

九、树立移风易俗新风尚，摒弃旧的落后的传统观念，讲文明、讲礼貌、讲科学。以人为本、与时俱进、反对男尊女卑，提倡男女平等。

十、对过继或招赘顶嗣人员要尊重爱护，一视同仁，不得排挤歧视。

十一、认祖归宗是中华民族的传统美德，族谱是家庭的传世文献，凡我族人应视为珍品，妥善保管，代代相传，严防遗失和损坏。

十二、族谱应定期编修，四十年左右续修一次。为保证续谱和各家的需要，从2008年起，建立家庭档案，将家庭成员中生、死、婚嫁、入学、就业、迁徙等情况及时逐一登记，建档备查。

武冈匡氏由匡仲荣公发派而来，宗祠制定的族规、族训、祠规、教谕，彰显了爱国爱家、勤劳节俭、诚实守信、睦族和邻、遵纪守法等内容。图为宗祠理事会制定的族规

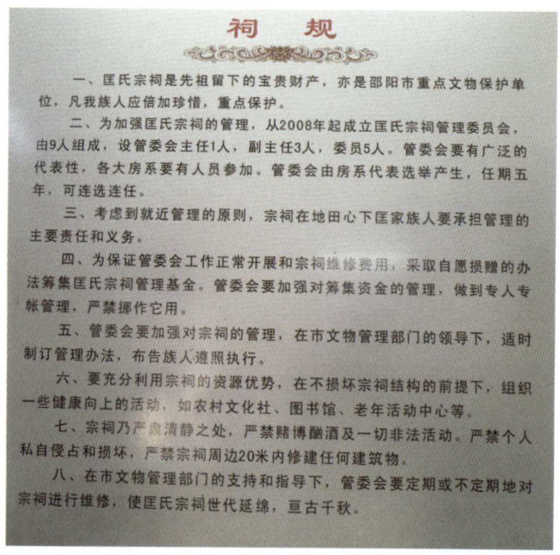

祠　规

一、匡氏宗祠是先祖留下的宝贵财产，亦是邵阳市重点文物保护单位，凡我族人应倍加珍惜，重点保护。

二、为加强匡氏宗祠的管理，从2008年起成立匡氏宗祠管理委员会，由9人组成，设管委会主任1人，副主任3人，委员5人。管委会要有广泛的代表性，各大房系要有人员参加。管委会由房系代表选举产生，任期五年，可连选连任。

三、考虑到就近管理的原则，宗祠在地田心下匡家族人要承担管理的主要责任和义务。

四、为保证管委会工作正常开展和宗祠维修费用，采取自愿损赠的办法筹集匡氏宗祠管理基金。管委会要加强对筹集资金的管理，做到专人专帐管理，严禁挪作它用。

五、管委会要加强对宗祠的管理，在市文物管理部门的领导下，适时制订管理办法，布告族人遵照执行。

六、要充分利用宗祠的资源优势，在不损坏宗祠结构的前提下，组织一些健康向上的活动，如农村文化社、图书馆、老年活动中心等。

七、宗祠乃严肃清静之处，严禁赌博酗酒及一切非法活动。严禁个人私自侵占和损坏，严禁宗祠周边20米内修建任何建筑物。

八、在市文物管理部门的支持和指导下，管委会要定期或不定期地对宗祠进行维修，使匡氏宗祠世代延绵，亘古千秋。

祠规对宗祠管理、宗祠遗产的保护利用和传承提出了明确要求

二八

城步苗族自治县蓝氏、杨氏宗祠

城步苗族自治县丹口镇太平村蓝氏宗祠，始建于明隆庆五年（1571），民国二十一年至二十三年（1932~1934）先后扩建，占地面积1234平方米，建筑面积699.2平方米

宗祠牌坊式门楼有瑞兽、花鸟、人物造型的石雕、泥塑、彩绘等

宗祠牌坊式门楼后为戏台，两侧为厢房

宗祠布局系三进四合院，有两个天井

宗祠屋梁上悬挂的匾额（修复品）

宗祠族人为纪念明朝开国战将蓝玉，将蓝氏宗祠称为“蓝玉故里”，宗祠寝堂供奉蓝玉塑像

守护宗祠的蓝氏后人蓝生文（2021年受访时87岁）说起先祖当年的战功，眉飞色舞

遇外地族人前来认祖和本村族人进祠祭拜，蓝生文与弟弟蓝支号（2021年受访时74岁）便过来开门、帮忙，他们说，宗祠是蓝氏家族的，守护先祖是自家的事

蓝氏宗祠2002年被公布为湖南省省级文物保护单位。图为省、市、县关工委同志察看宗祠保护情况

2021年5月，在距离蓝氏宗祠不远的莲花桥（红军桥）上，城步苗族自治县党史办主任杨宗兴为来人讲解当年的红军故事。红军一个营在这里阻击敌军两个团，牺牲的2名战士安葬在此，县里建立了红军烈士墓教育后人

莲花桥阻击战中负伤的红军战士撤离到附近下团村杨锡成、吴老福夫妇开的“伙铺”，会苗医的吴老福用苗药救治伤员，红军临走时送给杨家一盏马灯。这是吴老福的儿子杨光清在讲述《一盏马灯的故事》

城步苗族自治县儒林镇杨家将村（原大竹坪村）杨氏宗祠，始建于明永乐二年（1404），清乾隆年间重修，因杨氏一族出官较多，被明朝隆武帝钦定为“杨氏官厅”，现为湖南省省级文物保护单位

杨氏宗祠内开设了“杨家将历史展示厅”，老村支书杨支永（84岁）系杨家将第三十四代，他退下来后在宗祠做义务讲解员，向杨氏后人及青少年讲述杨家先贤精忠报国的故事

杨支永老人还负责打扫宗祠卫生，接待来宗祠参观人员

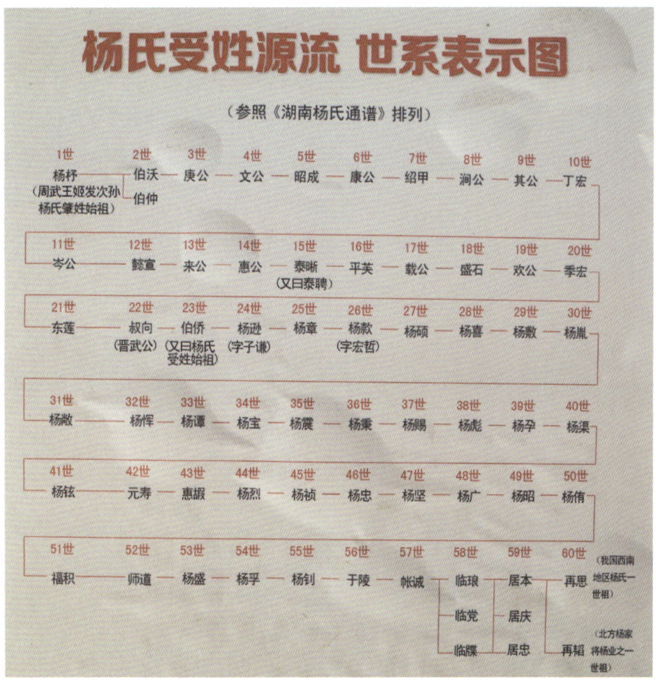

这是悬挂在宗祠的杨氏世系表示图

城步是国务院1956年批准设立的苗族自治县，苗族人口占县域总人口的60%以上

经过这些年的扶贫与发展，城步县城面貌焕然一新

二九

邵阳市大祥区张氏、朱氏宗祠

邵阳市大祥区百春园街道马蹄社区张氏宗祠，始建于清乾隆四十一年（1776），1914年扩建并三修族谱，现为邵阳市大祥区文物保护单位

到马蹄社区张氏宗祠认祖的有8000多人。宗祠每年在清明、冬至组织两次祭祖活动，开饭20多桌，平常聘请一位张氏族人负责看护、打扫卫生。一年宗祠维护费用要7万~8万元，主要靠族人自筹

张氏宗祠1998年开始恢复活动，推举部队转业、热心族务的张德荣任宗祠理事会理事长，理事会配备了会计、出纳。宗祠寝堂祖宗牌位字迹已褪色，理事会打算重新填写（图中左起：社区副书记张宜祥；宗祠理事会理事、出纳张可德；理事长张德荣；理事、会计张际联；社区书记张荣春）

邵阳市大祥区板桥乡横冲村朱氏宗祠。据区文旅广体局局长张向东介绍，朱氏宗祠始建于清康熙四十五年（1706），重修于清道光五年（1825），复修于清咸丰四年（1854），建筑面积约2600平方米，三进院落，为邵阳市大祥区文物保护单位

邵阳市文旅广体局文物保护与考古科科长申小娟说，以前市文物管理局有11人，是副处级单位，机构改革后合并到文旅广体局，现有2个科4人从事文物管理工作；市财政年预算安排经费50万元，去年市财政拨项目保护经费570万元；最近，市里已发文成立文物保护与考古研究中心，定编14人

朱氏是板桥乡及邻近的蔡锷乡的人口大姓。图为居住在蔡锷村的朱端甫（90岁）。邵阳市与大祥区城投公司合作投资1.5亿元，建设蔡锷故里文化博览园，占地381亩。园中留了8户村民没有搬迁，朱老是其中一户，他在家门口做点销售冷饮等小生意

蔡锷故居，建于清嘉庆年间。蔡锷1882年12月18日出生在这里，在此生活到5岁，然后搬迁到洞口县居住到13岁

蔡锷故居堂屋供奉蔡锷将军戎装像。蔡锷父亲为裁缝，蔡锷6岁入私塾读书，12岁考中秀才，16岁考入长沙时务学堂，师从梁启超、谭嗣同等接受维新思想，后在日本陆军士官学校学习军事。1904年回国，先后在江西、湖南、广西、云南等地训练新军。辛亥革命时在云南发动重九起义，29岁被公推为云南都督

1915年，袁世凯窃国称帝，蔡锷由北京潜回云南，组织护国军起兵讨袁。1916年春，蔡锷率部在四川泸州、纳溪一带击败优势袁军，迫袁取消帝制。袁死后蔡锷任四川督军兼省长

邵阳市与大祥区在蔡锷故里文化博览园建立蔡锷生平业绩陈列馆，作为对青少年进行爱国主义教育及对台交流的基地

蔡锷原名蔡艮寅，字松坡，他深感国家积弱，立志“流血救民”，改名为蔡锷，他一生军功卓著，为中华民国护国元勋

蔡锷因长期作战积劳，患喉疾恶化，在日本福冈就医，于1916年11月8日去世，年仅34岁。北洋政府追授他为陆军上将，为他举行国葬，1917年4月12日归葬于长沙岳麓山，其遗著编为《蔡松坡先生遗集》

蔡锷将军作为中国近代民主革命家、军事家，他“为四万万人争人格”的胆识功垂千秋。毛泽东主席于1951年，民政部于1983年，先后为蔡锷将军颁发了革命烈士证书

蔡锷与原配刘侠贞、续配潘蕙英两位夫人育有6个子女（其中2女夭折）。图为1951年蔡锷家人合影。现后人主要在北京、吉林及海外工作居住

三〇

湘阴县
左文襄公祠、左太傅祠

2020年，湘阴县文保中心主任、县政协委员陶景书介绍，他身后这一片是县委县政府近年修复的左文襄公祠以及新建的左宗棠文化园

左宗棠系湘阴县金龙镇人，清代著名湘军将领，曾任浙江巡抚、闽浙总督、陕甘总督、两江总督、清廷军机大臣，1875年以钦差大臣督办新疆军务，确定“缓进急战”方略，收复除伊犁以外全部新疆领土

左文襄公祠又称相国祠，建在湘阴县文星镇八甲村，清光绪十一年（1885），左宗棠在福州任上去世后，清廷颁诏在左宗棠出生地及立功省份建专祠以彰功绩

左文襄公祠由湖南巡抚吴大澂奉旨修建，1892年建成，供地方官员春秋两季祭拜，1950年收归国有，先后用于办学校、工厂，“文革”中损坏，2004年修复，2013年被列为全国重点文物保护单位

湘阴县同时被列为国保单位的还有建在县城弼时路的文庙

左太傅祠是左宗棠子孙为完成其遗愿而在其幼时学堂的基础上再建的左氏家族学堂，又称“留青学堂”，位于湘阴县界头铺镇新光村。当地村民王海洋（65岁）说，他小时候一直在左太傅祠小学读书

左太傅祠在“文革”中遭到严重破坏，1999年由湘阴县政府拨款维修，2019年被列为湖南省省级文物保护单位

左太傅祠小学已经停办多年，如今宗祠草木丛生，附近村民用来关牛

2020年，湘阴县旅游投资公司高管闵岳文说，柳庄是左宗棠1843年回乡所建，当时左宗棠花了历年教书积蓄约900两银子，在樟树镇巡山村柳家冲买田地70亩、山地80亩并建房，取名“柳庄”，然后移家于此

县政协副主席、县文联主席熊国庭回顾，柳庄老宅在“文革”中被推倒，2004年在原址上恢复重建，项目开始是他负责牵头的，后来由县旅游投资公司接手，作为文化旅游项目运作

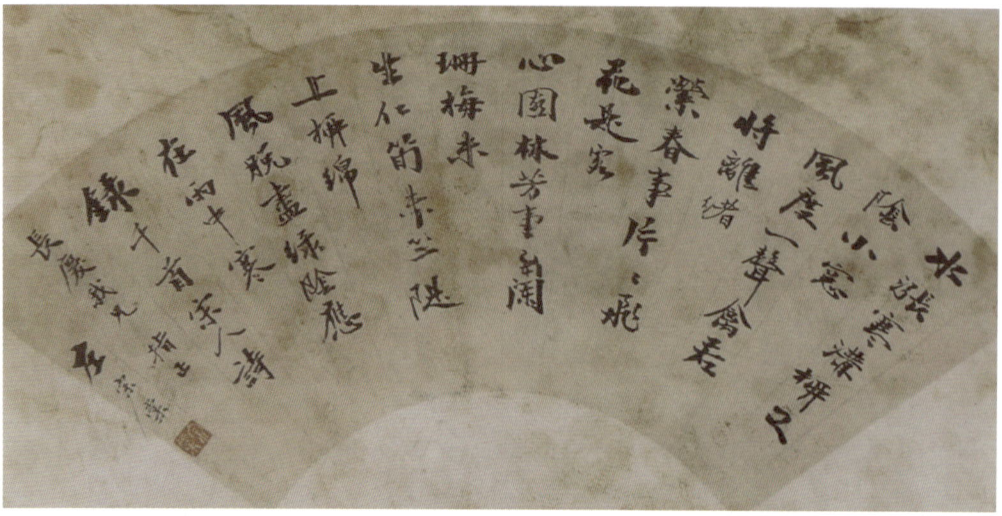

左宗棠书法作品（扇面）

左宗棠生于1812年11月10日，早年就读于长沙城南书院，20岁乡试中举，此后在会试中屡试不第。1885年9月5日在福州任上病逝，清廷追授“太傅”，谥号“文襄”。后人编著有《左文襄公全集》《左宗棠全集》。图为左宗棠像

三一

平江县浯口镇江氏宗祠

平江县浯口镇位于汨罗江中游，古镇上多见古树名木

江氏宗祠建在浯口镇老街

江氏宗祠始建于清顺治十一年（1654），乾隆十三年（1748）维修扩建，形成现在的规模

江松高（2021年受访时62岁）是江氏宗祠守护人，负责打扫卫生，防火防盗

涪口镇老街有江氏族人400多人，族人与街邻平常利用宗祠办理红白喜事，搞点文化活动

宗祠20世纪50年代被政府征用作办公场所，1999年退回给江氏族人。宗祠开有一大四小天井用以采光

四小天井构造精致

宗祠屋面起伏多变

江氏宗祠理事会成员江利武介绍，曾任江苏、江西两省省委书记的江渭清小时候在宗祠读过书

2021年，时任浯口镇浯口居委会书记的彭浩游（左二）说，确保文物安全，基层也有责任

江氏宗祠安全公告公示牌

平江县浯口镇政府

三二

平江县三市镇
余氏宗祠

2020年，时任平江县三市镇白雨村村支书的余应祥（56岁，高中文化）介绍，白雨村有4000多人，其中3000多人姓余，先祖从江西搬来已600多年。他身后的余氏宗祠建于清嘉庆十三年（1808）

族人余乐章（2020年受访时70岁）负责余氏宗祠的日常打理维护，宗祠晚上要关灯关门，宗祠建成以后没失过火

每逢年节和宗亲举办祭祀活动，余乐章会负责烧香、烧纸、燃蜡，清扫卫生，搞好防火，余氏宗祠宗亲联谊会白雨分会一年补助他误工费3500元

宗祠两厢建有书院，从民国时代到1990年用于办学，中师毕业的余乐成（2020年受访时72岁）在村小学教书40年，其中在宗祠学校教书20年

族人余再生（2020年受访时56岁，高中文化）是余乐成的学生，他说，村小学高峰时期有500多名学生，很多同龄人在宗祠学校启蒙成长

余乐成退休后被推选为平江余氏宗祠宗亲联谊会白雨分会副会长，他说，每年正月初四宗祠祭祖有上千人参加，向先祖磕头要磕大半天

余再生（左一）除热心族务外，还参加村里的麻辣协会，全村共有40余户村民做辣条加工，今年因为新冠肺炎疫情居家人多，生意比往年好

宗祠维修、续谱、办公益事业，宗亲联谊会动员族人老板捐款。2016年开始，宗亲联谊会采取族人自愿捐助、老板多捐的方式，共筹集300多万元，完成宗祠修缮

2020年，三市镇党委书记谭晓峰（左二）与镇长徐莉（左三）考察余氏宗祠时说，余氏宗祠被纳为省级文物保护单位后，一年上级补助维护经费5000～10000元，大的维修主要靠民间筹资，看来乡村文物保护还要借助民间力量

余氏宗祠建筑面积955平方米，占地面积2300平方米，由前厅、后寝、东西厢房、左右书院组成

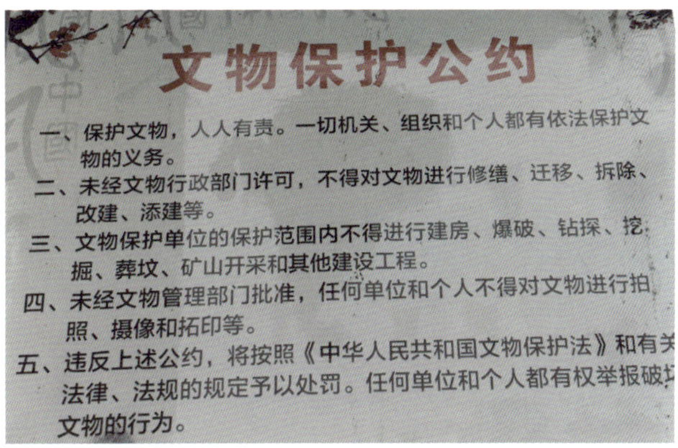

余氏族人认为，宗祠有睦族和人、扶贫济困的传统，祠堂是族人共有的财产，大家有义务搞好保护

为鼓励青年学子求学上进，余氏宗祠宗亲联谊会开展捐资助学活动，2020年筹资3万多元，资助村里考取一本、二本的大学生，同时对5户患大病的特殊困难家庭给予5000~20000元的补助。图为张贴在宗祠的喜报

三三

平江县伍市镇姚氏宗祠

姚氏宗祠始建于清嘉庆元年（1796），新中国成立后，国家在此开办白杨小学，2001年，教育部门将之退回由宗祠理事会管理

姚氏宗祠坐落在平江县伍市镇白杨村，占地面积3430平方米，大门口和厅堂立有麻石方柱，宗祠立面气势宏伟

宗祠建筑呈四合院布局，天井宽敞，可容纳几百族人同时议事、开饭

宗祠建筑在“文革”中遭到破坏，部分石木雕刻、塑像、牌匾被毁，主体建筑2009年开始维修，基本恢复原貌，屋面檩子、椽皮换了新料

宗祠后进寝堂中间供奉着姚氏始祖舜帝，两旁供奉着姚氏一世祖宗武公、琼美公两兄弟塑像

据宗祠理事会理事长姚孔祥介绍，附近3个村有姚氏族人4000多人，族人自愿出资240余万元，完成了大修，宗祠现为岳阳市市级文物保护单位

族人姚满华利用宗祠传承九龙舞，他带有几百个徒弟，经常在宗祠教徒传艺

2021年，时任白杨村村支书的姚秋贵（右二）说，白杨姚氏先祖明代从江西修水迁来，村里族人到修水寻过祖宗，宗祠一年搞一次冬至祭祖，开饭30多桌

2021年，平江县政协主席洪志凡（左五）一行到姚氏宗祠察看市级文物保护情况

平江县农村经济活跃，村民新建的住房多是小洋楼

民国二十五年（1936）撰修的姚氏族谱

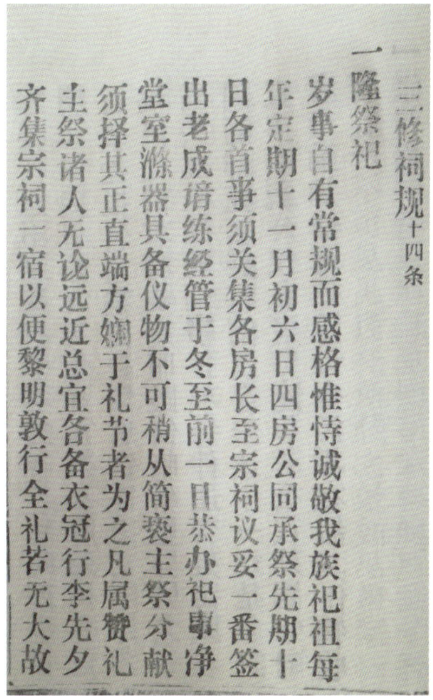

二修祠规十四条

一 隆祭祀

岁事自有常规而感格惟恃诚敬我族祀祖每年定期十一月初六日四房公同承祭先期十日各首事须关集各房长至宗祠议妥一番签出老成循练经管于冬至前一日恭办祀事净堂室滌器具备仪物不可稍从简亵主祭分献须择其正直端方嫺于礼节者为之凡属赞礼主祭诸人无论远近总宜各备衣冠行李先夕齐集宗祠一宿以便黎明敦行全礼若无大故

族谱中的祠规

姚氏宗祠悬挂着文化部颁发的九龙舞国家级非遗标牌

三四

汨罗市白水镇闵氏宗祠

汨罗市白水镇三星村闵家巷闵氏宗祠，始建于清道光年间，建筑面积约995平方米，为三进砖木结构。祭祖活动在新中国成立后停了下来，一直没有恢复

闵氏宗祠于2015年9月成立管委会，负责筹款维修，当过小学教师的闵新国（右一，2021年受访时68岁）积极参与

闵新国介绍，当年发动闵氏族人自愿捐款200余万，最多一户捐款30万元，宗祠修复方案经岳阳市文物管理处批复，施工请的是湘阴县专业古建队伍

闵氏宗祠在新中国成立后改办农村供销社，在“文革”中部分遭受毁坏，但主体建筑得以保留

宗祠管委会选举已退休的白水镇党委书记闵亮泉为主任，管委会有11人，三星村村支书傅岳峰（后排左一）支持将此处办成村里老年人的活动阵地

闵新国介绍，闵氏先祖明永乐二年（1404）从江西迁来汨罗闵家巷，至今繁衍有500多人

住在宗祠旁边的闵铁球夫妇负责打理宗祠日常事务，他说，打理宗祠是为族人尽义务

在宗祠筹款修复过程中，闵铁球与其他管委会成员外出办事尽量节约，把钱花在宗祠维修上

闵家巷的村民们反映，农村住房经过多番改造，像宗祠这样的历史建筑已经少之又少了。这些年，政府对美丽乡村建设非常重视，为老百姓办了不少实事，宗祠修复好了，村里老人有了室内公共活动场所

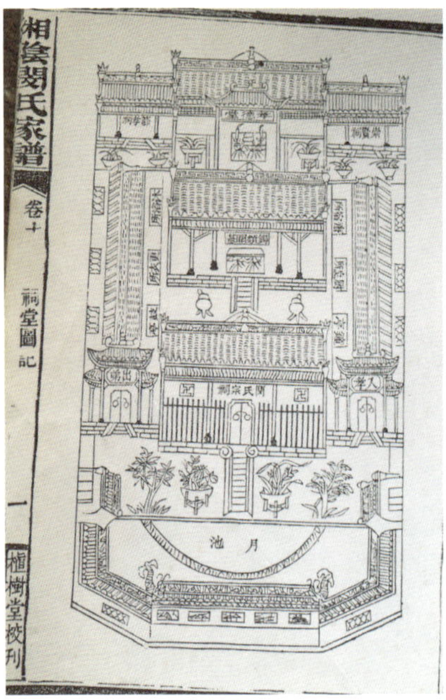

闵氏宗祠民国十九年（1930）撰修的族谱印制有宗祠平面图

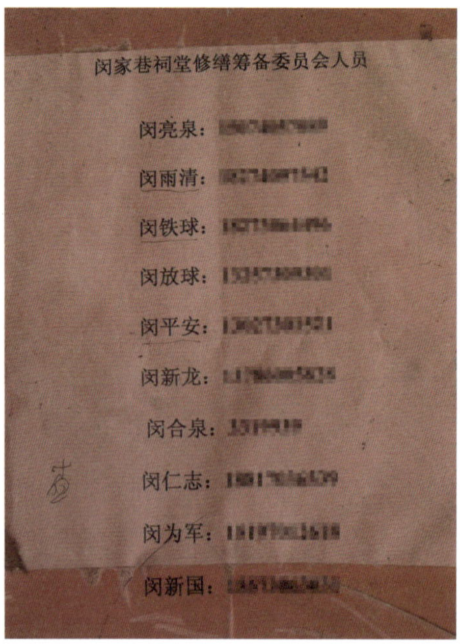

闵家巷祠堂修缮筹备委员会人员

闵亮泉：
闵雨清：
闵铁球：
闵放球：
闵平安：
闵新龙：
闵合泉：
闵仁志：
闵为军：
闵新国：

闵氏宗祠修缮筹备委员会人员名单

三五

汨罗市屈子祠镇
屈子祠祭屈仪式

湖南省祭祀屈原大典非遗传承人杨基良（2021年受访时75岁）是汨罗市归义镇龙舟社区人，他带领的祭屈团队有10多人，一年应邀举办祭屈仪式几十场

屈原是战国时期楚国三闾大夫，因坚持政治改革被佞臣诽谤，遭楚王冷遇流放。他在流放期间创作了《离骚》《九章》《九歌》《天问》等不朽辞赋，于公元前278年感到救国无望，投汨罗江而死，后人建庙纪念他的爱国情怀与高洁情操

屈子祠始建于汉代，重修于清乾隆十九年（1754），坐落在汨罗江边屈子祠镇的玉笥山顶，占地7.8亩，为三进三厅砖木结构建筑，又称屈原庙

屈子祠内天井植有2棵300多年的桂花树，后进祭堂供奉着楚三闾大夫屈原神位，梁柱上悬挂着多块历代名人题写的匾额

祭屈仪式由杨基良（左）担任主祭，屈子祠镇屈子祠村黎玉怀（右，2021年受访时65岁，初中文化）作为助手。图为两人在祭祀前温习祭词

助手黎玉怀在开祭前负责摆放祭品、燃蜡，之后杨基良与他一起点燃祭祀高香

杨基良教担任礼仪的姑娘击鼓，他告诉年轻人，学艺要一丝不苟，要有“台上一分钟，台下十年功”的追求

黎玉怀教习撞钟。钟鼓齐鸣显示祭典的庄严肃穆

迎宾司仪已准备好参祭人员的绶带

开祭前，师徒默诵《楚辞》篇章。杨基良说，来参加祭屈仪式的以青少年和文化人居多，他们来此意在感念、传承屈原的爱国情怀和“路漫漫其修远兮，吾将上下而求索”的探索精神

汨罗正则学校学子吟诵《离骚》

汨罗楚舞新韵舞蹈培训学校学生表演《激楚迎神》，再现屈原笔下的楚风巫俗

汨罗市花鼓戏传承中心表演花鼓戏《打龙袍》

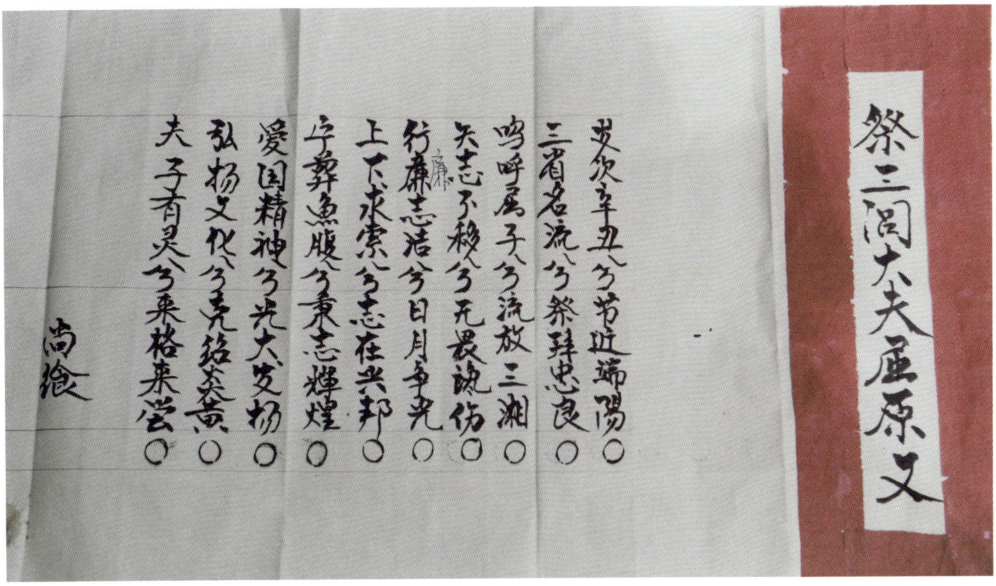

祭三闾大夫屈原文

岁次辛丑兮节近端阳○
三省名流兮祭拜忠良○
呜呼屈子兮流放三湘○
矢志不移兮无畏谗伤○
行廉志洁兮日月争光○
上下求索兮志在兴邦○
宁葬鱼腹兮秉志辉煌○
爱国精神兮光大发扬○
弘扬文化兮亮络炎黄○
夫子有灵兮来格来尝○
尚飨

图为祭屈原文稿。祭祀完毕后将祭屈文稿烧祭，以告慰屈原在天之灵

“屈平词赋悬日月，楚王台榭空山丘。”屈原作为伟大的爱国主义诗人和世界四大文化名人之一，永远受到人民的怀念，后人将屈原投江自尽这天设为端午节纪念他，汨罗江成为赛龙舟、吃粽子习俗的发源地

2005年，汨罗市举办了第一届国际龙舟竞赛，台湾诗人余光中来到这里祭拜屈原，他题词称赞汨罗江是“蓝墨水的上游”。当年汨罗老百姓用糯米做成的粽子投入汨罗江喂鱼，以护屈原遗体不被江鱼所食，后来粽子成为中国民众的美食

三六

石门县所街乡
覃氏祖祠

覃氏祖祠是常德市唯一保存较好的清代家族祠堂，同时期的其他祠堂多毁于战乱、社会变革及失火

石门县覃氏祖祠采访手记

覃氏祖祠坐落在石门县所街乡文家村茶马古道上，始建于清乾隆三十四年（1769），为覃氏族人覃添秀后裔一脉所建，是族人祭祖、议事、教化的重要场所。

覃氏祖祠民国时期曾用作储存红茶的仓库，也办过学校。新中国成立后做过乡政府和公社办公用房、村里的公共食堂、国营粮食收储仓库。祠堂在“文革”中遭到部分破坏。改革开放后，由村里花800元从县粮食部门收回，经维修后继续用作覃姓宗祠。2011年，覃氏祖祠被湖南省政府公布为省级文物保护单位。

石门覃姓是早期巴人四姓之一，为土家族人。元末明初，覃氏先祖覃添顺、覃添秀等五兄弟帮助朱元璋打败元军和陈友谅部。明洪武二年（1369），朱元璋敕封覃添顺为“武德将军”、覃添秀为副千户长。

覃基林（2019年受访时38岁，大专文化）当兵5年，在云南做建材生意9年，现担任石门县所街乡文家村村支书，接过维护覃氏祖祠的担子

村民覃解念（2019年受访时90岁）回忆说，土改后祖祠祭祖活动就停止了，一直到1981年农村实行家庭联产承包责任制后才陆续恢复祭祖、演戏等活动。相传覃氏先祖是从山西、陕西迁过来的

覃氏祖祠坐北朝南，前后分为三进，图为第一进的厅堂和天井

祖祠第二进为中堂议事厅

祖祠第三进为拜堂，祭台上供奉有覃友仁、覃添顺、覃添秀等先祖的牌位

覃氏祖祠是硬山顶建筑，砖木结构，青瓦白墙，大门正面为四柱三楼牌坊式门罩

祖祠门檐雕刻精细，彩绘线条流畅

祖祠侧墙还保留着1958年大办公共食堂时的宣传标语

覃氏祖祠平常由村里委托居住在隔壁的覃开书负责，覃开书（2019年受访时50岁）与他妈妈苏双梅（2019年受访时79岁）在家时每天都进去照看

荣誉证书

覃昔雄同志：

您在覃氏祖祠的保护工作中作出突出贡献，被评为2016年文物保护与利用先进个人。

特发此证，予以表彰。

石门县文物管理委员会　石门县文物局

二〇一七年六月十日

覃开书护祠是子承父业，他去世的父亲覃昔雄曾被石门县评为文物保护与利用先进个人。县里这些年先后拨款8万余元维修覃氏祖祠

2019年，石门县博物馆馆长龙西斌（左一）与所街乡及文家村干部座谈，要求他们注意捡瓦防火，尽力保护好这座古祠堂

石门县曾有100多个姓氏，建有100多座家族祠堂，后在土改、公社化、“文革”中陆续被拆毁

龙西斌馆长正在策划石门县茶马古道申报世界文化遗产，他告诉我们，石门县67万人口，覃姓有9.85万人，为石门县排第一的大姓

三七

桃源县 渊明祠

渊明祠坐落在桃源县桃花源景区，景区距离常德市区34公里，常德市被世人称为“桃花源里的城市”。图为桃花源景区大门

渊明祠自清代修建以来，一直为湖南陶氏后裔寻祖归宗地，从1998年至2005年，每年都有陶氏子弟成规模祭祖，清明节在渊明祠举办的祭祖活动，主要祭祀陶渊明，最多时来了2000余人。渊明祠现为全国重点文物保护单位

常德古称武陵，陶渊明57岁时写下《桃花源记》，开篇是：晋太元中，武陵人捕鱼为业

常德市从20世纪80年代开始修缮渊明祠等古建筑，1992年起加大投入完善桃花源景区，以满足全国各地来桃花源探访陶渊明笔下“世外桃源”福地的需求

会背诵《桃花源记》的导游陈金娟介绍，常德古属荆州，据说陶渊明曾祖父陶侃任过荆州刺史，史称其治内“路不拾遗”，陶渊明做过荆州刺史桓玄手下的幕僚，后任彭泽县令80多天即辞官归隐田园，一生创作了许多田园诗歌。渊明祠供有旧时编撰的“陶氏族谱”，现常德陶氏联谊会会长为陶中儒

图为建于明代的方竹亭。桃源县有陶姓人口4000多人，常德市有陶氏9000多人，全国陶氏280万人，大部分分布在江西、湖南，陶渊明为江西九江人

从遇仙桥拾级而上，穿过秦人古洞，可遇“复行数十步，豁然开朗”的意境

始建于明代的靖节祠，因自清代起供奉孟浩然、张旭、李白、刘禹锡等先贤，改为集贤祠，正厅高悬陶渊明“东篱采菊”木刻图

从桃花源往八字路乡走不远处，是栗山坡村，现改为“教仁村”，这里有辛亥革命的领导者和中华民国的创立者之一宋教仁先生的故居

宋教仁故居是桃源县政府2011年在原址复建的，现为湖南省省级文物保护单位

宋教仁，字钝初，号渔父，生于1882年4月5日，曾任华兴会副会长、同盟会司法部检事长、中华民国法制院院长、农林总长、国民党代理理事长，被史家称为“中国宪政之父”，因力推宪政，1913年3月20日在上海火车站遇刺，22日不治身亡，享年31岁，临终委托黄兴致电袁世凯，希望他能够竭力保障民权，自己则虽死犹生

宋教仁去世后葬于上海闸北公园。孙中山撰挽联：作公民保障，谁非后死者；为宪法流血，公真第一人。章太炎评价：若举总统，以功则黄兴，以才则宋教仁。图为常德市政协主席黄清宇（左三）一行考察宋教仁故居

三八

桑植县洪家关白族乡王氏祖祠

桑植县洪家关白族乡海龙村王氏祖祠，建筑面积330平方米

王氏祖祠始建于明代，民国十二年（1923）由乡绅牵头集资复建，如今是桑植县保存最完整、规格最高的白族本主庙祠堂

王氏祖祠建有门楼、戏楼、大殿、厢房，戏楼为穿斗式构架，大殿为抬梁穿斗混合式构架，迎面门楼集堆塑、贴塑、彩绘于一体，对联明示祖德来自云南苍山洱海

桑植县有白族12万多人，祖籍在云南大理，为全国第二大白族聚居区。桑植白族有谷、王、钟、熊、李五姓，其中前三姓占白族人口的90%

海龙村老支书王贞道（2019年受访时74岁）担任村长（村主任）15年、村支书18年，2017年6月卸任。他说，大殿麒麟壁画画的是白族先祖吉祥物，可佑后代兴旺发达

2019年，海龙村382户1380人，有王、汤、谷、徐、钟、朱、许等姓，其中王姓900多人。图为村支书汤明显（46岁，高中文化）正在翻看《王氏宗谱》

王莲香（2019年受访时81岁）1962年起就担任大队妇女主任，还做过大队长12年，后任村党支部副书记，2017年6月与老支书王贞道一起卸任。她说，身后的这块残碑是民国十二年（1923）修复祖祠时立的

王氏祖祠之所以能保存下来，主要是一直在使用，祖祠办过学校、做过粮食仓库，2011年被列为湖南省省级文物保护单位。桑植县政协主席熊正元说，保护历史文化遗产，一直是政协委员关注的热点，保护好王氏祖祠，可以教育后人不忘先祖创业的艰难

2007年，县民宗局拨款30万元维修王氏祖祠。2012年，族人集资重修了王氏族谱

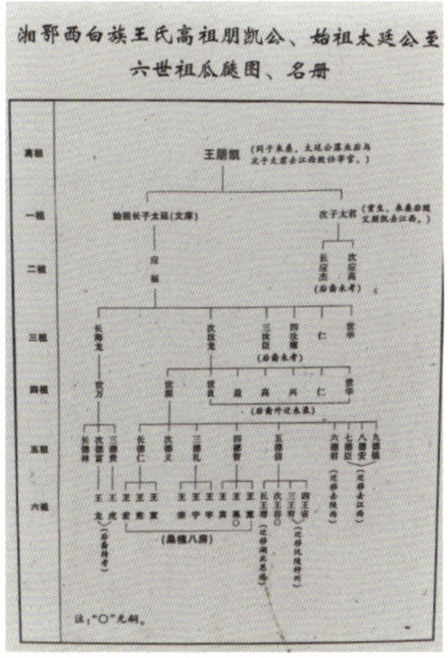

据传，王氏先祖王朋凯、王太廷从云南大理随元军征战到江西，然后从江西迁到桑植，定居在桑植洪家关、芙蓉桥一带

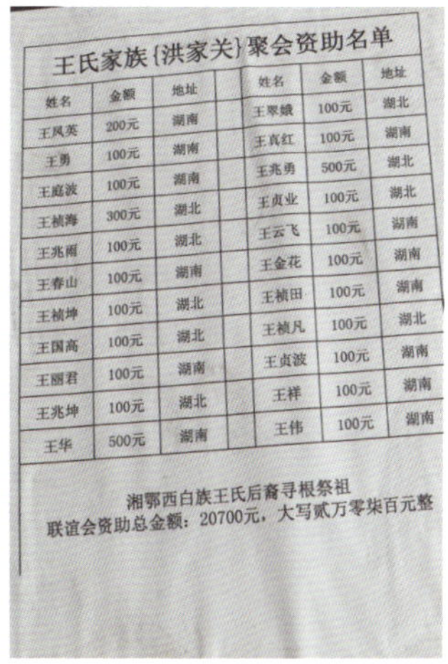

王氏家族{洪家关}聚会资助名单

姓名	金额	地址		姓名	金额	地址
王凤英	200元	湖南		王翠娥	100元	湖北
王勇	100元	湖南		王真红	100元	湖南
王庭波	100元	湖南		王兆勇	500元	湖北
王祯海	300元	湖北		王贞业	100元	湖北
王兆雨	100元	湖北		王云飞	100元	湖南
王春山	100元	湖南		王金花	100元	湖南
王祯坤	100元	湖北		王祯田	100元	湖南
王国高	100元	湖北		王祯凡	100元	湖北
王丽君	100元	湖南		王贞波	100元	湖南
王兆坤	100元	湖北		王祥	100元	湖南
王华	500元	湖南		王伟	100元	湖南

湘鄂西白族王氏后裔寻根祭祖

联谊会资助总金额：20700元，大写贰万零柒百元整

湘鄂西白族王氏后裔到海龙村寻根祭祖，一般以宗亲联谊会的方式筹资捐款、开展活动，祭祖活动多在春节期间举行

海龙村外出打工的青壮年劳力占了70%，在家种田、守屋、照看祖祠的多为60～70岁的老人

三九

桑植县刘家坪白族乡谷氏宗祠

桑植县刘家坪白族乡双溪桥村谷氏宗祠，是红二军团第六师师部旧址，为湖南省第十批省级文物保护单位

辛亥革命志士谷壮猷重孙谷成文（65岁）与老伴覃五英在谷氏宗祠门口。谷成文介绍，宗祠1935年驻过红军

当年，贺龙、任弼时等率领红二、六军团1.7万人从湘鄂川黔革命根据地出发，到达陕北尚有1.1万人。毛主席称赞红二方面军长征：你们1万人过来，还是1万人，没有蚀本，是个了不起的奇迹

桑植县关工委副主任谷利民说，大革命时期，桑植县有5万余人参加革命，1.3万人参加红军，有6000多人参加长征，新中国成立后回到桑植的不到50人，大多数为革命牺牲了

桑植县是中国第二大白族人口聚居区，全县有12万多白族人口，其中刘家坪白族乡1.3万人口中，白族人口占了95%。双溪桥村白族有谷、钟等姓，妇女遇节庆着白族服饰迎客，她们认云南大理白族为亲戚

谷利民说，这是双溪桥谷壮猷故居，辛亥革命武昌起义时，谷壮猷率一营军士攻打督署衙门，夺下炮台，将起义旗帜插上武昌城头，被临时政府授予“开国将士”牌匾

国家拨款在刘家坪白族乡建立中国工农红军第二方面军长征出发地纪念馆，用于教育后人

图为桑植县洪家关贺龙故居，故居匾额题字为邓小平手书

贺龙故居为1975年桑植县政府按原貌修复，2006年被列为第六批全国重点文物保护单位。贺龙1896年3月22日出生在这里。1916年春，贺龙联络20个人在故居商量袭击芭茅溪盐税局，留下“两把菜刀闹革命”的传奇

贺龙故居门口有一座建于1915年的风雨桥，贺龙成名后改为“贺龙桥”

贺龙做过澧州镇守使，南昌起义前是国民革命军第20军军长，后担任共产党领导的南昌起义总指挥。图为建在洪家关村的贺龙纪念馆，馆前矗立有贺龙元帅铜像

纪念馆陈列的贺龙、薛明夫妇与子女合影

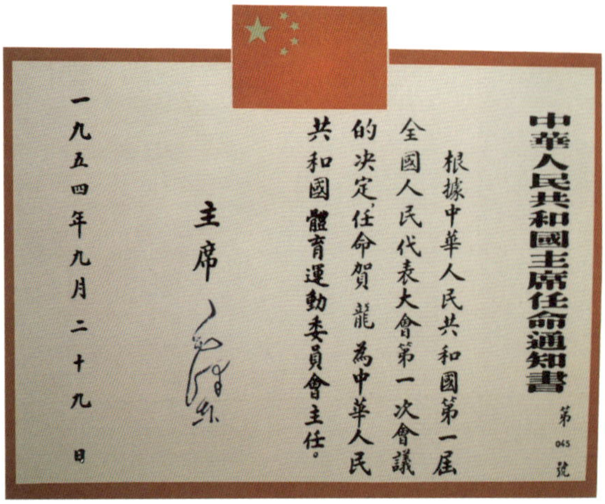
中華人民共和國主席任命通知書
第045號
根據中華人民共和國第一屆全國人民代表大會第一次會議的決定任命賀龍為中華人民共和國體育運動委員會主任。
主席 毛澤東
一九五四年九月二十九日

1954年，毛泽东主席任命贺龙为中华人民共和国体委主任

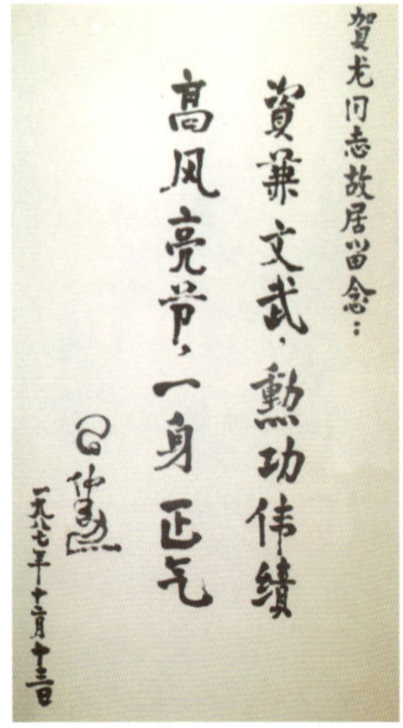

1987年，习仲勋同志为贺龙元帅故居题词。贺龙元帅一门忠烈，其宗亲中为革命牺牲的有名有姓的烈士有2050人

2022年，在桑植县洪家关村村部，关工委利用贺龙元帅等老一辈革命家英勇斗争的红色故事，向青少年进行传承红色基因教育（左起依次为：张家界市关工委执行主任陈美林，洪家关村党委书记蔡娜，桑植县关工委执行主任韦先娥，张家界市委办驻洪家关村第一书记覃飞斌，洪家关村党总支部书记贺曦，张家界市关工委常务副主任刘德湘）

四〇

安化县江南镇茅坪村陶氏宗祠

图为安化县江南镇茅坪村陶氏宗祠大门。宗祠在新中国成立后做过农会、乡片区办公场所、中药铺、公粮转运站、缝纫店、学校等。2010年，为发展乡村旅游，江南镇筹资200余万元修复陶氏宗祠，现为县级文物保护单位

图为陶氏宗祠享堂。该宗祠系清代两江总督陶澍1826年首修，1862年经陶氏三房率族人扩建，扩建后又称“尚书第”

2020年，时任茅坪村村支书的陶志高介绍，陶澍从小随父到茅坪祭祖认亲，发迹后3次回乡，在此修缮祖陵，祭祖睦族，陶澍回乡住在宗祠后厢房

安化县和江南镇领导与省委统战部驻村工作队一起察看陶氏宗祠保护情况

陶澍当年在本地买下20多亩良田出租给佃户，所收租谷用作宗祠祭祖、维护及资助族人参加乡试、会试等科举考试

明洪武年间，资江陶氏四世祖陶潮宗次子陶民彦迁居茅坪，在这里开枝散叶。图为陶氏后人卖豆腐归来

茅坪村1600多人，其中陶氏后人有1200多人，现留村居家的多数是老人

陶澍清嘉庆七年（1802）考取进士后，曾任山西、安徽布政使，安徽、江苏巡抚，两江总督，1839年病逝于两江督署，晋太子太保衔，谥号“文毅”，墓地选择在安化县小淹镇资江北岸沙湾。图为小淹镇沙湾资江轮渡

毕业于湖南省涉外经济学院的周美珍，在陶澍陵园做兼职讲解员，月收入1680元。她说，陶澍陵园占地50亩，是陶澍去世后朝廷拨银修建的

陶澍陵园靠山邻水，为陶澍生前亲自选定的墓址。陵园由门楼、牌楼、陶澍墓、五个夫人墓、享堂、御碑亭组成，陶澍墓碑文为“陶文毅公之墓”，通往陵墓的神道两旁立有石人、石狮、石马、石羊。陵园部分建筑在“文革”中遭到毁坏，后来由政府出面修复，现为全国重点文物保护单位

陵园系陶澍女婿胡林翼、亲家左宗棠建造完成。陶澍晚年得子陶洸，托付给左宗棠培养教育，左宗棠在小淹陶家待了8年，陶洸成人后，左宗棠把女儿嫁给了他。陵园享堂是当年停放陶澍灵柩的地方

陶澍陵园下游500多米处，紧靠资江北岸，沿码头直上即是陶澍当年建的官邸（陶澍故居）。据小淹镇领导介绍，官邸占地50多亩，安化三中（现改名为安化县陶澍实验高级中学）即在此建立，学校大门是御赐祭祀陶澍父亲陶必铨的乡贤祠原物。图为县领导周登高（左三）一行考察安化三中

2020年，安化三中校长周克岗说，学校所在地为小淹镇陶澍村，他身后的这座建筑墙面系陶澍故居留下来的

安化三中有900多名高中生。图为学生们在做课间眼保健操

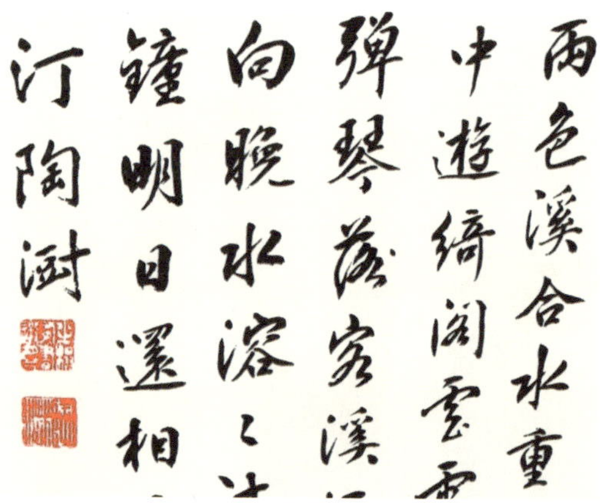

陶澍书法作品（局部）

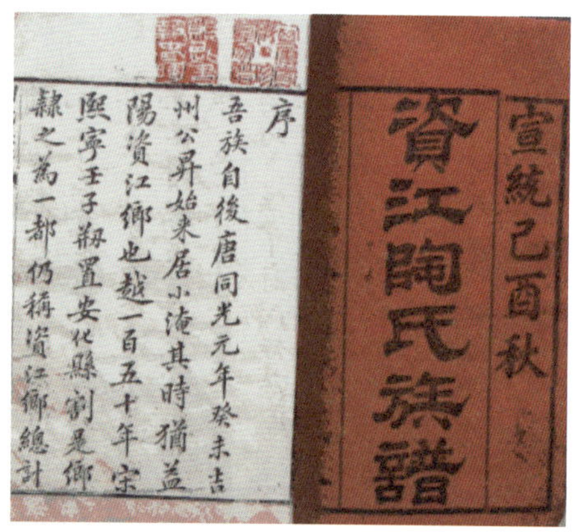

陶澍1836年回乡倡导四续族谱，并承担修谱全部费用。图为陶氏后人在宣统年间继修的资江陶氏族谱

陶澍故居附近的文澜塔高21米，八方七层，系陶澍1836年回乡捐资所建，首层石匾上刻有清道光皇帝御书“印心石屋”

四一

桃江县
薛氏、詹氏、萧氏、刘氏、龚氏宗祠

桃江县武潭镇碧螺村薛氏宗祠始建于民国十四年（1925）

薛氏宗祠理事会理事长薛建成（2021年受访时75岁，初中文化）牵头筹资10多万元，益阳市和桃江县文物部门补助5万元，对宗祠进行维修

宗祠厢房供有发起建祠的先贤薛赞轩像

薛建成介绍，薛氏祖籍为杭州府钱塘县，南宋时迁来湖南桃江县定居

薛氏宗祠从1949年至2000年一直办学，图中是负责宗祠日常管理的理事会成员（从左至右依次为：薛志林，理事会会计；薛次云，理事会成员；薛建成，理事长；薛益协，原村支书，现村支委；薛建春，理事会秘书长）

薛建成说，碧螺村与附近4个村合并，现叫罗家坪村，全村有5800多人，其中薛姓有3700多人

薛氏宗祠2005年被列为县级文物保护单位，宗祠文物安全责任已立牌公示

桃江县鲊埠回族乡筑基仑村詹氏宗祠始建于清末，现仅存宗祠享堂。宗祠理事会詹百全说，宗祠产权现归詹氏族人

宗祠供奉的先祖詹再九，是个武官

詹氏宗祠所在的桃江二中校长吴智勇说，宗祠原办族学，1952年收归国有，改办公立学校，先后办过区中学、县二中，现学校有学生1260人，教职员工105人

桃江县大栗港镇黄栗洑村萧氏宗祠始建于清光绪年间，也是因一直办学而保存下来

萧氏宗祠2011年申报为省级文物保护单位。宗祠窗户木雕精美灵动

做过15年村支书的萧志刚（右，2021年受访时67岁，高中文化），现任萧氏宗祠联谊会会长。村小学搬出后，省文物局拨款200万元修缮宗祠文物，现宗祠产权属于村里，作为村老年协会活动场所使用

时任村支书的萧化龙说，宗祠立柱均为株木(亦称槠木)，株木材质坚硬、纹理细腻，耐腐蚀。他还说，萧氏先祖从江西迁来600多年，以前马迹塘地区有7个萧氏宗祠，“文革”中拆掉6个，这座宗祠因在办学得以保留

图为2021年，桃江县文物管理所所长李荣（右一）帮萧志刚会长联系白蚁治理队伍。木质古建筑除了要防雷击、防火灾、防漏雨外，还要防白蚁啃食，白蚁危害很大，需每3年请专业队伍治理一次

图为桃江县马迹塘镇石门村刘氏宗祠，村支书萧正（左二，2021年受访时56岁）、宗祠联谊会顾问刘益勋（左三，2021年受访时74岁）和宗祠看护刘渭贤（左一，2021年受访时76岁）在宗祠大门口打望

刘氏宗祠始建于明代中叶，在新中国成立后办过学校，做过仓库。2009年，宗祠联谊会筹资50多万元，在文物部门指导下对宗祠进行修缮

石门村有30%的劳力外出打工，在家搞生产的，收入主要靠楠竹竹笋产业和种粮。宗祠联谊会有17个正、副会长，多为中老年人，常务副会长刘亚东（左三，2021年受访时56岁，高中文化）是超市、加油站的老板

刘氏宗祠一年组织3次活动，即清明、冬至祭祖和农历七月十五日中元节烧包

宗祠寝堂两厢壁板上挂有刘氏先祖、先贤画像。图中联谊会成员所坐长凳系硬木制作

长凳上雕刻有祥兽、花卉，刀法流畅细腻

族人刘渭贤负责日常看护，打扫卫生，传统节日上香，联谊会一年补助他1200元，他说看护宗祠主要是尽义务

经常来宗祠照看的，都是几个致力于传承祖训的热心人士

图中建筑为桃江县浮邱山乡水口山村龚氏宗祠。退休教师龚谷初（2021年受访时79岁）说，宗祠始建于清乾隆四十二年（1777），民国开始办族学，新中国成立后改办公学至2001年，学校撤销后无人料理，于2015年陆续垮塌，现仅存大门及部分墙面

龚氏族人历史上出过进士、南阳太守、将军，宗祠2011年曾被列为县级文物保护单位。宗祠产权属于龚氏族人，因缺能人牵头维修而毁损，宗祠内长满树木、蒿草

四二

桂阳县黄沙坪街道沙坪村欧阳氏宗祠

桂阳县城关欧阳氏宗祠为三层砖木结构，外形是欧式风格，内部为湘南民居四合院结构。城关欧阳氏宗祠由于具有科学艺术价值，2011年被列为湖南省省级文物保护单位

县里将此开辟为蓉城书屋，供社区居民在这里读书。陈祖光（2020年受访时78岁）说，宗祠在新中国成立后做过银行、民居，现做书屋，他平常来这里看书很方便

2020年，时任桂阳县文物保护利用中心支部书记的彭红梅介绍，宗祠维修后，县文物保护利用中心搬到这里办公，单位有8个编，国保、省保、市保等文保单位看产权归谁，由产权单位管理维护，文保部门负责业务指导

宗祠门口有一口水井，附近居民在水井边洗衣洗菜，老人们在老街上摆桌子搓麻将

宗祠旁边老街的青石板路

四三

桂阳县流峰镇下阳村
欧阳氏宗祠

桂阳县流峰镇下阳村欧阳氏宗祠，始建于清顺治十年（1653）

2020年，下阳村村支书欧阳华雄介绍，全村1800多人全部姓欧阳，宗祠产权是欧阳一族的

宗祠戏台对应寝堂，系青石砌筑，石木雕刻在“文革”中因族人保护而未遭受大的破坏

2020年，到下阳村考察的桂阳县政协主席肖晖（左四）告诉来人，桂阳县明清全盛时期有古戏台500多座，现在保留下来的还有300余座

宗祠祭祖等活动因“文革”中断，但利用古戏台演戏一直在进行，村里过春节和遇上重大喜事时会排演昆剧。村昆剧团有20多人，一次演出要开销5000~6000元。全县有30多个民间剧团，县财政每年补助每个剧团1万～2万元，其余由村民自筹

村支书与村妇女主任欧阳长青、村民欧阳井中说，申报国保的时候，县里拨款100万元维修，平常的小修、维护主要靠村民，因宗祠是自己村的，村民保护起来有积极性

下阳村村民收入主要靠外出打工和种植烤烟，现烤烟收购均价为每斤18元，桂阳全县一年可收50多万担烤烟

离欧阳氏宗祠不远的欧阳海镇振南书院占地1300余平方米，一直办学至2002年，现恢复为振南小学

振南小学的学生在上课

四四

汝城县马桥镇石泉村胡氏宗祠

汝城县马桥镇石泉村胡氏宗祠坪场

石泉村始建于宋朝末年，是三塘胡氏家族聚居地，村落因胡氏先祖淑政公号“石泉”而得名

胡氏宗祠大门上悬挂着诰授显祖的“尚书第”匾额

宗祠注重弘扬耕读传家、敬老爱幼、教化孝廉，在历史上担负着基层治理的重要功能

宗祠的维修、维护依靠族人出资出力

由有声望的族人牵头不定期地撰修族谱，是宗祠维系的一件大事

村落里的大宅，要数人称“湘南王”、做过国民党中将游击司令的胡凤璋的居所，他在民国时建有6栋3层的欧式风格建筑，6栋之间有走廊相连

王曲珠（2017年受访时84岁）老人在11岁时被卖到胡凤璋家做丫头，她在胡家大宅里已生活了73年

住在胡家大宅的胡铁夫老人

图为国民党团长胡湘的老宅，土改时分给了贫雇农，方秀珠家土改后一直住在这里

图为广西知府胡璇家的老宅，新中国成立后住房也已易主

老宅堂屋供奉着现住户的先人

“上湾生产队”的字样使人回想起当年的人民公社体制

街巷深深，见证着逝去的岁月

闲暇时玩牌，是村民不变的娱乐项目

2017年，村支书胡新洋（左）与马桥镇党委书记黄志文（中）、镇长朱中意（右）在察看胡凤璋当年盘踞的与红军对抗的上古寨

石泉村有660多户2400多人，建于清末的民居现存260多栋，村子已被列入第四批中国传统村落名录

四五

汝城县马桥镇外沙村朱氏宗祠

汝城县马桥镇外沙村朱氏宗祠广场上的拴马石，用于文武官员在此拴马进入祠堂

太保第原为朱氏宗祠，系族人为纪念明代理学家、太子太保、内京都察院左都御史、两广总督朱英所建

太保第坐北朝南，面宽12米，进深28米，建筑面积336平方米，2013年被公布为全国重点文物保护单位

太保第正堂供奉着朱氏历代先祖灵位和朱英画像

额枋题有鎏金榜书“太保第”，门梁镂雕双龙戏珠

祠堂内横梁上悬挂着清代大学士张廷玉题写的“世臣故家”匾额

2017年时任外沙村村小学校长的朱楚平，毕业于郴州教师进修学院，他告诉来人，外沙村有5个自然村，2800多人，先祖从福建迁来

图为开国上将朱良才将军故居。朱良才将军曾任红五军团第十五军政委、北京军区政委等职，他写的《朱德的扁担》一文被选入小学课本。故居现为湖南省省级文物保护单位

外沙村保存较完整的明清古民居有近百栋

宗祠成为村落的公共活动中心和精神中心，忠孝节义在这里代代相传

外沙村已被列入第二批中国传统村落名录。2017年，村支两委换届，由村妇女主任当选村支书的郭玉凤对村里的发展抱有信心

四六

汝城县土桥镇金山村卢氏家庙、叶氏家庙

汝城县土桥镇金山村卢氏家庙（家庙俗称祠堂）

卢氏家庙始建于明万历年间，经族人多次集资修缮

卢氏家庙门庭上的“南楚名家”匾，因唐昭宗李晔所赐卢氏先人的诗中有“楚国之南皆名家”而取名

卢氏一族的显祖，在家庙中以牌匾展示

家庙面宽三间，纵深三进，占地面积366.8平方米，厅柱上的楹联为有学问的族人撰写

家庙马头山墙飞角翘起，饰有彩绘

卢氏家庙又称“叙伦堂”，意在维护宗族人伦、道德秩序

厅堂内门木雕人物栩栩如生，向族人讲述劝善故事

村里叶氏族人建造的叶氏家庙

叶氏家庙又称“敦本堂”，始建于明弘治元年（1488）

在漫长的封建社会中，读书做官是族人出人头地、光宗耀祖的首选

叶氏家庙由朝门和祠堂构成，门楼为歇山式青瓦布顶。如意斗拱下额枋雕刻的双龙戏珠，据说是师徒二人花两年多工夫雕成，为樟木四层镂空

族人叶玉明（2017年受访时67岁）说，家庙额匾、木雕能在“文革”中保存下来，主要靠钉板子、封泥巴而躲过一劫

只读过3年小学的叶玉明自愿看护叶氏家庙，族务会每月给他补贴200元

全村如今保存较完整的明清古民居有95栋，村民卢翠凤（2017年受访时73岁）希望政府出钱维修，因为维修一栋破损严重的老宅需花费30万~50万元

村里老人告诉我们，祠堂一般每年在正月和清明搞大活动，正月十五元宵节族人欢聚闹龙灯，清明节祭祖、开饭，所需资金由族人捐款，有钱的多捐

村民卢在生（2017年受访时64岁）在晾晒整理自家种植的铁扫帚，一亩旱地种铁扫帚加工后可收入1000多元。先祖的显赫只能代表过去，现在要靠自己的勤劳吃饭

金山村以叶、卢、李三姓为主，建有6座古祠堂，全村600多户2400多人，被列入第四批中国传统村落名录

四七

汝城县文明乡沙洲村朱氏宗祠

汝城县文明乡沙洲村朱氏宗祠

朱氏宗祠始建于清道光七年（1827），2015年重修时村里立碑作记

宗祠重修后，村里在这里已经举办了10对青年的婚礼

这次修缮换了部分腐朽梁柱，重新装修了祭祖厅堂，做了油漆

主持修缮宗祠的理事长是朱晓勇（2017年受访时52岁），做过一届村支书，他说这次修缮宗祠村民齐心协力，从动议到竣工，用了3个多月

朱社云（2017年受访时62岁）也担任过村支书，他身后的祖宅有200多年历史

1934年11月初，中央红军长征经过村里，在此休整9天9夜。如今，利用祖宅开发红色旅游资源正在兴起

这个130多户近600人的瑶族村，留下了40多栋清代老宅

青瓦、灰墙、砖雕、彩绘，是沙洲村古民居的显著特色，村子被列入第四批中国传统村落名录

这栋民居的神龛上供奉着毛主席像，毛主席像下面是屋主人徐解秀遗照。当年3位女红军借宿在徐解秀家里，红军走后徐解秀被反动派罚跪祠堂，红军留下的半条被子也被反动派烧毁

3位女红军借宿时就睡在徐解秀家这张床上，临走时，她们将仅有的一床被子剪下一半留给徐解秀。徐解秀说，共产党就是自己有一条被子，也要剪下半条给老百姓的人

四八

桂东县
扶氏宗祠、母公祠

图为桂东县寨前镇新桥村扶氏宗祠，族人扶永成正帮来观看宗祠的客人取下横杠，打开正面大门

据《扶氏族谱》记载，秦破楚，抚定中原，蜀川杨氏匡扶汉室，皇帝赐姓扶，名嘉。扶嘉为扶姓鼻祖，官至廷尉大夫。北宋宣和元年（1119），扶氏林芝、丰芝入桂东创业。南宋咸淳五年（1269），扶氏定居龙塘里（今新桥村），始建宗祠。清乾隆四年（1739）扩建，历经3年竣工，宗祠开有左、中、右三扇大门

扶氏宗祠建筑面积856平方米。1934年8月，红六军团在此稍事休整

族人扶耀南（右一，76岁）、扶建邦（左一，60岁）介绍，据村里老人说，当年村里有20多人参加红军，革命胜利后都没有回来

扶氏宗祠右大门绘有女性门神，全村60%村民姓扶，到广东打工的村民近60%

扶氏宗祠作为红军长征先遣队寨前誓师西征旧址，被列为湖南省省级文物保护单位。2022年，湖南师范大学七七级三班27名同学来到宗祠，作毕业40周年传承红色基因之旅

图为桂东县城母公祠天井。母公祠始建于清代，系清代桂东知县曾钰为纪念明末桂东知县母崇正守城被俘而死所建，以纪念母崇正的气节

1928年8月，毛泽东率领红军来到桂东迎还进军湘南失败的朱德、陈毅部队，毛泽东住在母公祠隔壁的唐家大屋，母公祠厢房驻有红军警卫排，图为母公祠寝堂

红四军从井冈山分兵进军湘南，遭受失败后，毛泽东在唐家大屋召开红四军前委扩大会议，总结“八月失败”教训，议决重返井冈山。唐家大屋现被列为全国重点文物保护单位

桂东县依托唐家大屋与母公祠，开办工农红军在桂东革命活动纪念馆

图为坐落在桂东县沙田镇沙田圩的第一军规纪念碑，红军在这里颁布了“三大纪律六项注意”，后完善为人民军队的“三大纪律八项注意”

图为沙田圩始建于清末的万寿宫，1928年3月，毛泽东率工农革命军前来桂东策应湘南起义，在这里开会研究部署在沙田一带开展土地革命斗争

朱德、陈毅多次在沙田戏台召开群众大会，动员群众“打土豪、分田地”

沙田镇贝溪村村支书郭振宇介绍，该村的聚龙居为清光绪年间广东海康县清道分司巡检官郭同朝所建，占地18亩，建筑面积2553平方米，有99间半房子，现为湖南省省级文物保护单位。最多时住有150多口人，目前一些房间已经垮塌，亟待修缮

四九

江永县兰溪瑶族乡勾蓝瑶寨蒋氏、周氏、何氏宗祠及水龙祠

图为江永县兰溪瑶族乡勾蓝瑶寨蒋氏祠堂，大门开在左侧，族人聚会才开大门迎客

祠堂外建有过廊，族人可在此休闲。黄娥生（2020年受访时76岁）老人是嫁入蒋家的媳妇，她说族人遇有婚丧大事，祠堂会帮忙办理

2020年，永州市和江永县关工委领导到村里调研，村里老人介绍，村民有事村里会给予关照

全村有蒋、欧阳、黄、何、周等13个姓氏，分别以姓氏建有13座祠堂，作为宗祠商议大事、操办婚丧、祭祀祖先的场所，祠堂定有规章制度。图中张挂灯笼的是周氏祠堂

勾蓝瑶寨于明洪武二十九年（1396）受朝廷招安，之后建了9座石墩城门及石城墙。图正中为清道光年间重建的三层十六柱全木结构石鼓登亭，功能为瑶寨守夜屋，用于村寨瑶人值守、防御

勾蓝瑶寨系瑶族祖居地，瑶民根据姓氏聚集而居，瑶族先祖定居在此已经延续40多代1000多年

古村落中保留有6座风雨桥

何家祠堂平时用于开办桥头食堂，以提高利用率

何家后人在杀鸡待客

老村支书何金林（2020年受访时81岁）说，何家历史上出过2位进士、3位秀才、1位黄埔生

何老支书利用自家祖屋办起了农家乐

瑶寨祖屋大门上的装饰体现了毛泽东时代崇尚忠诚和改革开放后追求勤劳致富的时代精神

勾蓝瑶寨村落有两条小溪穿过，村落水系通畅，方便灌溉，可见先人选址的良苦用心

勾蓝瑶寨村落现保留有明清老宅300多栋，建筑用料为红砖青瓦，每个姓氏都建有门楼

勾蓝瑶寨2019年被列为全国重点文物保护单位后，国家文物局立项拨款300多万元，用于修复破旧的水龙祠

水龙祠内保留的清代壁画

在水龙祠修复工地做工的何师傅说，承包修复工程的是有古建筑修复资质的长沙老板，村里手艺人帮他打工

勾蓝瑶寨由黄家村、上村、大兴村3个村合并而成，现有2900多人，95%以上是瑶族，在上级和驻村工作队的扶持下，村里在原相公庙旧址上恢复重建了民俗文化表演厅，发展民俗旅游大有可为

种植烤烟、香芋、香柚、夏橙等和外出打工仍然是村民增收的主要门路

五〇

江永县夏层铺镇上甘棠村周氏宗祠

图为江永县夏层铺镇上甘棠村周氏宗祠，在宗祠大门口卖凉粉的村民彭昭花嫁到村里做周家媳妇后，生了一对龙凤胎

上甘棠村有450余户1800多人，除7户为新中国成立后迁入的异姓外，其余均为周姓族人。族人婚礼在宗祠举办，图为宗祠后进大厅

宗祠设有食堂，备有餐具、桌椅等。喜结良缘是人生大事，村里为新婚族人简办婚礼的习俗持续至今

上甘棠村周氏一族历代出过节度使、尚书、太守、知州、县令、将军等文武百官一百余人，《周氏族谱》都有记载

周氏先祖于唐天宝年间定居于此，至今已有1200多年，宗祠大厅主要用来祭祖，缅怀先人

“甘棠”一词见《诗经·召南》，含有对先祖所创建功业的怀念。该村因处于谢沐河上游，故称上甘棠。上甘棠村共有4座古门楼，图中为南槽门

村落沿谢沐河建的古街，两边多为商铺，村民做买卖讲究给足秤两，童叟无欺

待人和善、父慈子孝，这些美德祖祖辈辈口耳相传

丰衣足食、勤俭持家成为年长村民的平凡追求

全村共有38对双胞胎，村里妇女引以自豪

村里现保存有明清古宅200多栋，农耕文明的慢生活方式被保留下来

这一条青石板街见证了千年古村的兴衰荣辱

耕读传家的思想从小就要灌输给后代

先祖临谢沐河修建的500米防洪墙兼有防洪、防御等功能

图为始建于明嘉靖十年（1531）的文昌阁和依文昌阁而建的前芳寺，新中国成立后在前芳寺开办了村级小学

上甘棠村从汉元鼎六年（前111）至隋开皇九年（589）为苍梧郡谢沐县治，始建于宋代的三孔石拱桥叫“步瀛桥”。2006年，上甘棠村古建筑群被列为全国重点文物保护单位

旧社会的价值追求是读书做官，光宗耀祖

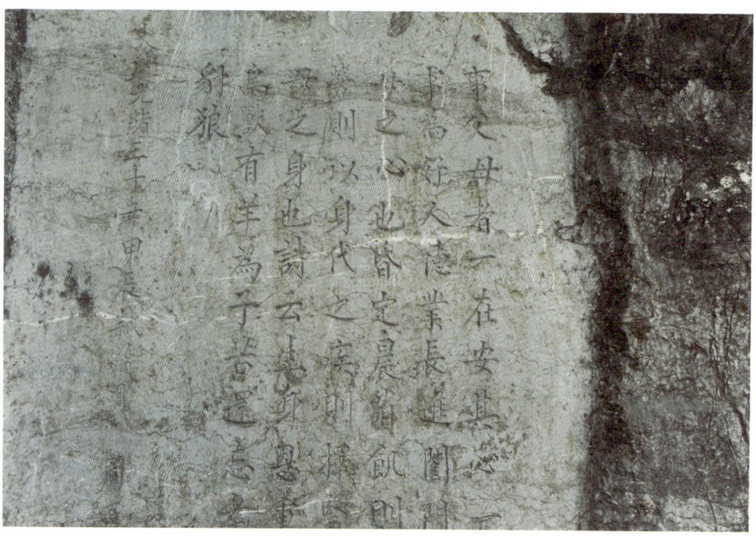

正因为延绵千年的祖训传承，村里子弟封建时代科举考取进士11人，新中国成立以来又出了很多工程师、校长、教师、医生等。在村旁的古驿道石刻上，除彰显祖训外，还有南宋名臣文天祥题写的“忠孝廉节”

五一

宁远县禾亭镇琵琶岗村
肖、刘氏公祠

永州市宁远县禾亭镇琵琶岗村祠堂戏台

琵琶岗村祠堂为村里肖、刘两氏共用的公祠，始建于清乾隆年间

村支书李煜明（左二，2017年受访时24岁）毕业于湖南工程学院，系组织部选调生，他与村计划生育协会副会长刘纪胜（左一）在察看公祠保护情况

新中国成立后，宗祠活动停了下来，1950~1972年公祠用作琵琶乡政府办公场所，后改为敬老院，1986年恢复公祠活动

村里老人肖祖德（2017年受访时78岁）16岁开始跟师傅学唱祁剧，时常在公祠演戏，村祁剧团全盛时有32人，可演70多回祁剧

肖文庆（2017年受访时47岁）一直住在先祖建造的肖家大屋里，这座老宅有三进二天井，现住三户人家

图为肖德生老人的祖宅，清代所建，天井的四根石柱是用来摆放花盆的

肖德生（2017年受访时80岁）在这栋祖宅里已生活了80年

琵琶岗村清代民居现存200余栋，多为青砖马头山墙、小青瓦屋面

村巷道路用青石板铺就，路边设有下水道

肖久保（2017年受访时73岁）与老伴伍菊秀在祖宅门口观望。老肖祁剧唱得不错，老伴18岁就嫁过来了

老宅里屋靠天井采光，天井两边的厢房用木雕花格装饰门窗

村里的孩子向往城里的现代化生活

老宅里办的村幼儿园装扮一新

五二

宁远县湾井镇路亭村云龙坊与王氏虚堂

永州市宁远县湾井镇路亭村云龙坊与王氏虚堂

云龙坊始建于明崇祯十二年（1639），为旌表该村举人王性所建，2013年云龙坊与王氏虚堂被列为全国重点文物保护单位

牌坊系全木结构，高14米，宽14.3米，歇山顶单檐，7层如意斗拱，檐上雕有人物和飞禽走兽

云龙坊后面连着王氏虚堂

图为祠堂后进厅堂。路亭村王氏一族历史上出过6位进士、1位武魁

祠堂大门由秦叔宝、尉迟恭两位门神把守

祠堂用青砖砌封防火山墙，开有侧门

宗祠理事会的王学文说，云龙坊于清道光十三年（1833）重修，民国十一年（1922）大修，2013年政府又拨款600多万元进行修缮

路亭村建村600多年，全村近600户2300多人都是王姓，先祖从江西迁来

五三

宁远县湾井镇下灌村李氏宗祠、诚公祠

图为永州市宁远县湾井镇下灌村李氏宗祠。相传始祖李道辨受朝廷封疆，平乱后隐居于下灌村，该村人口现已繁衍到1万多人，其中李姓占了99%

李氏宗祠占地面积2000多平方米

祠堂正厅供奉着李氏3位显祖，身着朝服的唐朝状元李郃居左，李郃于唐大和二年（828）20岁时考中状元，为隋朝开科取士以来江南首位状元

来宗祠走玩、看护的多为老年人

村民李富成说，原来的老宗祠毁于火灾，现在的宗祠为民国十六年（1927）重建

村里的老人平时在祠堂歇脚下棋

清代修建的诚公祠是为纪念诚公李茂诚而建，曾多次重修，现存建筑建于1932年，建筑面积800平方米，诚公之子李文恭任过温州知府

村里有大、小祠堂13座，如今保留完好的有7座

坐落在村里的状元楼始建于宋代，为纪念状元李郃而修建，从唐朝至清朝近1300年的科考中，下灌村出了2位状元、48位进士

始建于清乾隆四年（1739）的广元桥为石墩砖木结构，供村民过河、纳凉

村里像这样规模的深宅大院还有多栋

除祠堂供奉先祖外，民居也祭祀本家祖宗

年纪大的村民对新中国开国元勋毛泽东主席、周恩来总理怀着深深的敬意

村民李石恩（2017年受访时78岁）读过小学，他说家境还算过得去

李石恩请来邻村的瓦匠范运刀帮老宅捡瓦，一天付工钱200元

村里的灌溪学校是村民1936年集资修建的，为中西合璧的建筑风格，现为村级服务中心，老支书李勤福退下来后还在村支部帮忙

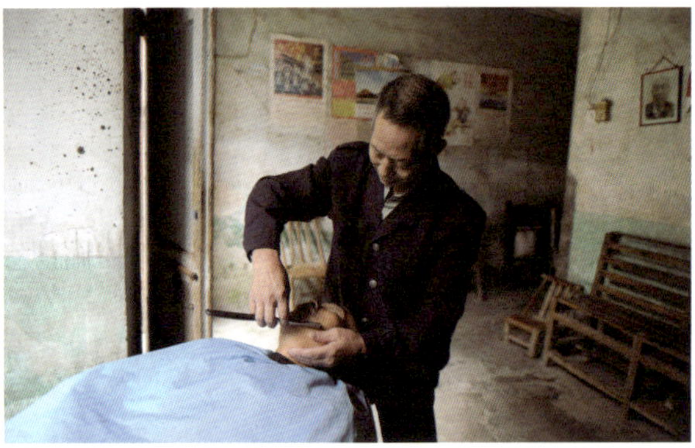

村民李光华9岁开始学理发，至今已有60个年头，他一天给10多个人理发，每人收费6元

圆木匠李解成（2017年受访时66岁）在打木蒸笼，做1个可卖240元

这位老人在拆建自家老房子

老房子不好住，分家立户不得不拆旧建新

这些年老人和小孩成为传统村落的主角

村医李波（2017年受访时33岁）10年前从宁远卫校毕业就从事这门行当

相传状元李郃发明的“叶子戏”是中国麻将的起源，村里老人常围桌搓麻将

县里正在筹划发展乡村旅游

五四

江华县大圩镇宝镜村
何氏宗祠

江华县大圩镇宝镜村何氏宗祠始建于民国五年（1916），民国时期用于家族祭祖、议事等活动，新中国成立后改作村小学，办有一至四年级，村民何宣怀从小在宗祠读书

何氏宗祠由前院、门厅、中堂、过亭、后寝（享堂）组成，宗祠宽12米，进深50米，建筑面积510平方米，图为宗祠中堂

宗祠采用大台梁结构，台梁木雕刀法流畅

何宣怀系宝镜村何氏家族第十五代孙，如今在镇卫生院做医生，月收入5000多元，也兼做宗祠解说员，他身后是宗祠后寝（享堂），他说，新中国成立后，宗祠祭祖活动停止，至今没有恢复，现村民祭祀祖先在自家堂屋进行

宝镜村何氏是当地的名门望族，何氏先祖何应棋于清顺治七年（1650）在此定居开建何家大院，后世子孙何育乘及何步月、何步延陆续营建，至清同治年间形成现在的规模

何家大院靠山照水，布局宏大，整个院落以老堂屋为中心，由八字门楼、老堂屋、大新屋、明远楼、绣楼、走马吊楼等建筑组成，建筑面积11500平方米

何氏家族在此繁衍十八代，家族第十六代孙女何四萍在幼儿园做事，她与何宣怀都在兼做何家大院旅游解说员

何家大院现存房屋180栋，门楼7个，巷道36条，占地面积5.4万平方米，2019年被列为全国重点文物保护单位

宝镜村1600多人都姓何，土改时何家大院分给600多农民居住，后陆续搬出，现只留有4户何姓后人居住看护

宝镜村何氏族人是汉族人，几百年来，与当地瑶族同胞和谐相处。何家大院的建筑形态兼有汉、瑶风格，其走马吊楼（长工楼）吸收了瑶族建筑文化的吊脚楼元素，系湖南省体量最大的杂屋类建筑

何家大院中邓小平同志曾经留宿过的地方

五五

溆浦县龙潭镇
吴氏宗祠清明祭祖

溆浦县龙潭镇管辖8万多人口，镇上有3万多人居住，明清、民国时期建有多处祠堂，图为龙潭镇岩板村吴氏宗祠

宗祠又称家庙，是古代祭祖的场所。吴氏宗祠始建于清道光十四年（1834），1956年因村剧团失火烧毁，2000年重修

吴氏宗祠每年的大祭在冬至和清明举行，图为2016年清明大祭

吴氏宗祠管委会主任吴森传主持清明大祭，他是水电站老板，一直热心族务

祭祖时族人聚集宗祠，宰猪杀羊，由族中长老先行祭拜

清明祭祖场面热闹，耗资较大，族内男女老少都要参加

祭祖程序分为盥洗、启椟、出主、降神、焚香、献酒、三叩首、读祝文、焚祝文、奉主人椟、礼毕等环节

图中居中的叫吴长根，退休教师，2000年重修祠堂时就担任吴氏宗祠管委会副主任兼秘书，当时发动族人捐款时，男的捐15元，女的捐5元，有钱当老板的多捐，共募集捐款近30万元

据吴长根介绍，吴氏先祖吴宗魁一家，元朝末年从江西吉安府太和县迁来，至今已有二十五代

吴氏家族最早修族谱是在清朝顺治年间，2012年是第七次撰修族谱。祠堂戏台逢有大事会搞演出

族中老人借祭祖议事

祠堂祭祀完成后，族长（宗祠管委会主任）率众族人抬猪、羊等祭品，敲锣打鼓去祖茔扫墓

祭祖队伍经过风雨桥

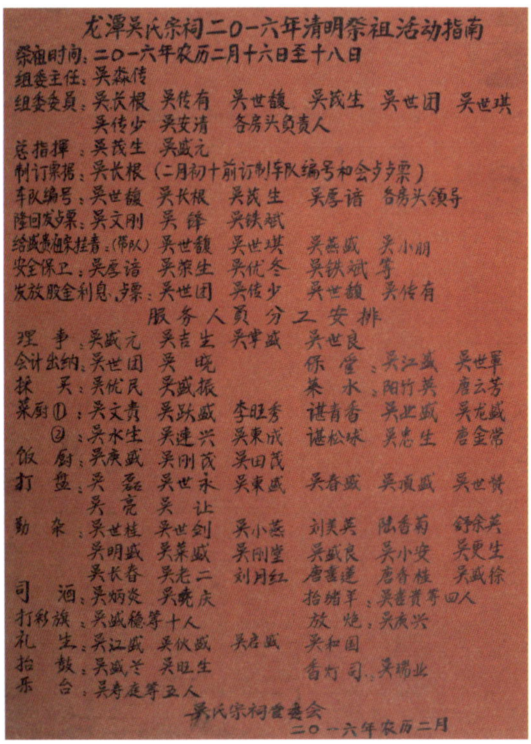

龙潭吴氏宗祠二〇一六年清明祭祖活动指南

祭祖时间：二〇一六年农历二月十六日至十八日

组委主任：吴森传

组委委员：吴长根　吴传有　吴世馥　吴茂生　吴世团　吴世琪　吴传少　吴安清　各房头负责人

总指挥：吴茂生　吴盛元

制订票据：吴长根（二月初十前订制车队编号和会餐票）

车队编号：吴世馥　吴长根　吴茂生　吴厚语　各房头领导

隆回发餐票：吴文刚　吴锋　吴铁斌

给盛贵祖茔挂青：（带队）吴世馥　吴世琪　吴燕盛　吴小朋

安全保卫：吴厚语　吴荣生　吴优冬　吴铁斌等

发放股金利息、餐票：吴世团　吴传少　吴世馥　吴传有

服务人员分工安排

理事：吴盛元　吴吉生　吴掌盛　吴世良

会计出纳：吴世团　吴晓　　保管：吴江盛　吴世军

採买：吴优民　吴盛振　　茶水：阳竹英　唐云芳

菜厨①：吴文贵　吴跃盛　李旺秀　谌青香　吴此盛　吴龙盛

②：吴水生　吴连兴　吴東成　谌松球　吴忠生　唐金常

饭厨：吴庚盛　吴刚茂　吴田茂

打盘：吴磊　吴世永　吴東盛　吴春盛　吴顶盛　吴世贤　吴亮　吴让

勤杂：吴世桂　吴世剑　吴小燕　刘美英　陆香菊　舒余英　吴明盛　吴菜盛　吴刚堂　吴盛良　吴小安　吴更生　吴长春　吴老二　刘月红　唐喜莲　唐香桂　吴盛徐

司酒：吴炳炎　吴晓庆　　抬猪羊：吴喜贵等四人

打彩旗：吴盛穗等十人　　放炮：吴庚兴

礼生：吴江盛　吴伙盛　吴启盛　吴和国

抬鼓：吴盛冬　吴旺生　　香灯司：吴瑞业

乐台：吴寿庭等五人

吴氏宗祠管委会

二〇一六年农历二月

清明祭祖一般要开饭，由吴氏宗祠管委会贴出人事安排告示

除举办祭祖活动外，吴氏家族等27户于清末民初集资修建了崇实书院，西门题额“吴氏蒙养”

崇实书院收龙潭吴氏等八姓子弟，中共早期领导人向警予在此读过书，新中国成立后改为岩板小学，2008年撤校，现为全国重点文物保护单位

五六

溆浦县龙潭镇
谌氏、李氏、王氏宗祠

溆浦县龙潭镇除吴氏宗祠外，还建有多处宗祠

谌松年（2016年受访时80岁）担任族务理事会常务副理事长，他身后是建于明朝的老谌氏祠堂，他说，老祠堂地盘小了，不方便族人议事祭祖

花300多万元新建的谌氏宗祠

谌氏宗祠族务理事会理事长谌洪祠（右二，2016年受访时52岁，大学文化）牵头修建了新谌氏宗祠

谌诒正（2016年受访时75岁）与老伴唐莲玉（2016年受访时76岁）一直住在200多年的老宅里，他们对宗祠祭祖心怀敬畏

建于清朝乾隆年间的李氏宗祠，坐落在龙潭镇梓坪村，祠堂大门为仿牌楼式青砖建筑，祠堂牌楼毁于“文革”，2013年重新维修，该祠堂在抗日战争时期做过国军团部指挥所

李氏宗祠理事长李任安（2016年受访时54岁，初中文化）从事房地产行业，维修宗祠他出了13万元，祭祖一次花2万多元，也是他买单

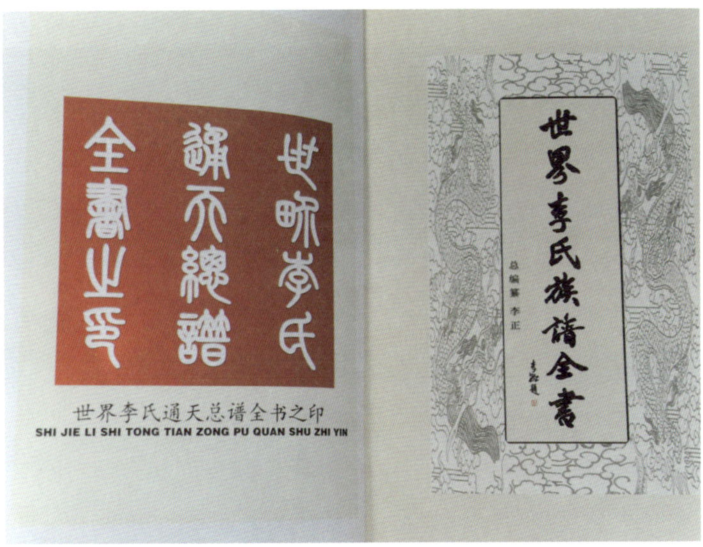

李氏属名门大族，撰修有书法家李铎题名的《世界李氏族谱全书》

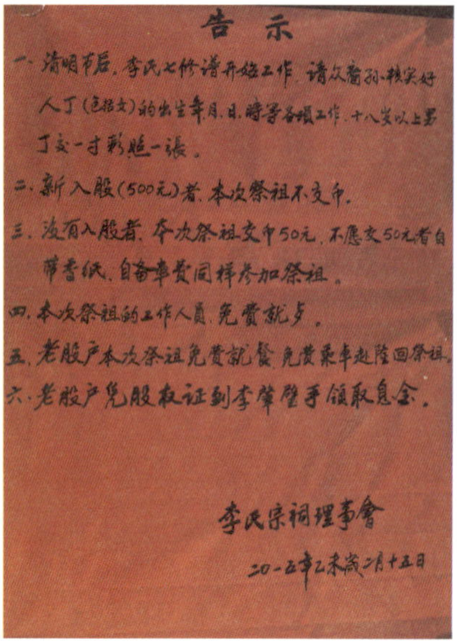

李任安与10位理事会代表牵头组织续修龙潭李氏族谱

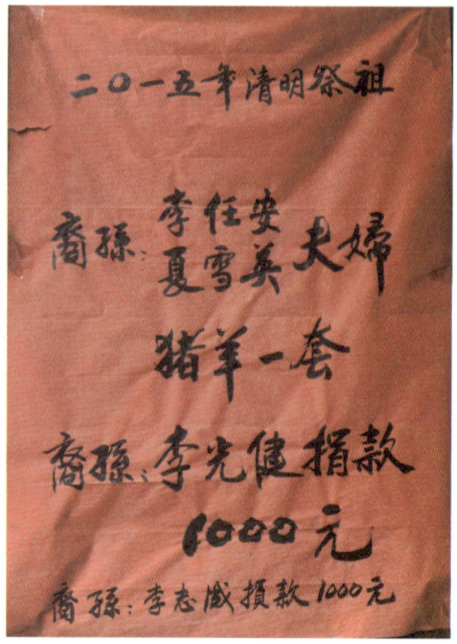

清明祭祖捐钱捐物的都要布告族人

在李氏宗祠内玩耍的小孩

龙潭王氏宗祠在抗日战争时期开办过国军野战医院

王氏宗祠戏台刚举办过族谱颁发庆典

王氏宗祠逢宗族庆典可开饭30多桌

建造于清朝道光年间的王氏贞节牌坊

五七

会同县
梁氏、杨氏宗祠

图为2021年正在施工修复的怀化市会同县堡子镇上坊村梁氏宗祠

这次修复由会同县梁氏宗祠管委会发起，动员族人捐资200多万元

宗祠修复时雇请6个木工做了2年，木作工程还要半年才能竣工

会同县是林区，盛产杉木，修复用料主要是杉木，当地杉木1000多元一个立方，木工工资一天200元

宗祠戏台、厅堂已基本完工

施工队请了炊事员做饭

会同县梁姓人口有2万多人，上坊村2900多名村民中，梁姓占了多数

时任上坊村村支书的杨玉平介绍，梁氏宗祠是县级文物保护单位，这次修复尽量利用原有材料，宗祠倡导忠义向善，对建设乡村精神文明有积极作用

上坊村被列为湖南省美丽乡村示范村

图为会同县团河镇官舟村，村里历史上考取过6个进士，部分杨姓族人集资20多万元正在修复杨氏宗祠

坐落在会同县坪村镇枫木村的粟裕故居，始建于清代。粟裕为建立新中国立下了卓著战功，粟裕故居现成为青少年革命传统教育基地

县城新建的城北学校，注重传承中华优秀传统文化和侗族民族文化

为下一代健康成长创造优良环境，是老一辈革命家的夙愿

学校正在对学生进行“听党话，跟党走”教育

五八

洪江市黔城镇唐氏、孙氏、廖氏、邓氏、孟氏、邱氏、冯氏宗祠和怀德祠（灶王宫）

洪江市黔城镇唐氏宗祠是黔阳古城唯一产权归属族人的祠堂，唐氏族人年节时在这里给先祖祭祀敬香，平时由在黔阳古城旅游发展事务中心做保安的唐湘云协助打理

据唐湘云（右二）介绍，唐氏先祖从陕西西安逃难到江西，再迁徙到洪江安顿下来，至今已有五十八代。2021年，唐湘云与前来察看宗祠保护的市文旅广体局长谢世旺（左一）、黔阳古城旅游发展事务中心主任段承龙（右一）、黔阳古城旅游文化研究会原会长陈志明（左二）合影

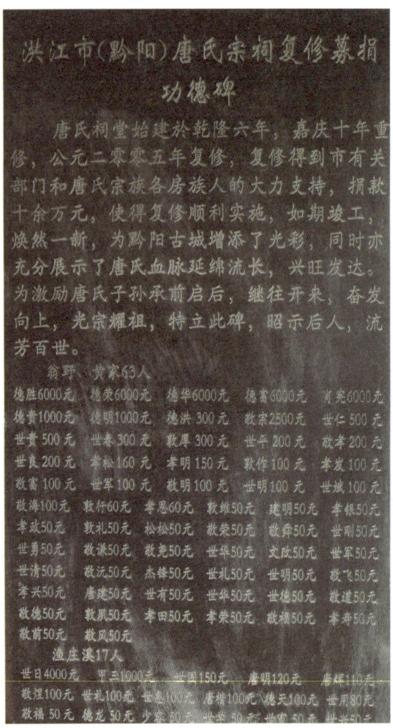

唐氏宗祠始建于清乾隆六年（1741），嘉庆十年（1805）重修，2005年由族人捐资修缮，新中国成立后宗祠一度作为供销社仓库使用，1982年退回给唐氏族人，现族长是唐孝祥（2021年受访时70岁），宗祠现为洪江市市级文物保护单位

孙氏先人在黔阳古城经商，集资开建了这座宗祠

孙氏宗祠大堂现作为公产租给艺人做黔阳竹艺馆

新中国成立后廖氏宗祠改作电影院，产权是古城管委会的，这些年以每年1.2万元租金租给大学生谢岱曦（2021年受访时35岁）创业，小谢投资200多万元将其改造成黔阳荟客厅

荟客厅主要用作年轻人住的民宿，这两年受新冠肺炎疫情影响，生意不太好

邓氏宗祠维修后，由古城管委会出租给洪江市登山运动协会的廖敏等人经营

廖敏与几位股东筹集了300多万元将其改造成特色民宿

孟氏宗祠已出售给住户，宗祠内外已分隔搭建多处房舍

黔阳古城宗祠中占地面积最大的，要数邱氏宗祠

邱氏宗祠内也是多户居住

全国重点文物保护单位冯氏宗祠正在进行维修施工，这次国家投入了800多万元，维修保护方案由国家文物局审批

负责冯氏宗祠维修保护的施工负责人尹邦英，土木工程系毕业，他说，施工队伍是公司自带的，按照“恢复原貌、修旧如旧，最少干预，能保留的尽量保留”原则组织施工

图为木匠李玉美（2021年受访时63岁，隆回县人），这次维修来了8个木工，工期8个月，老李参与了洞口、隆回等县多个宗祠古建筑的修复

清康熙三十二年（1693），为纪念黔阳县令史在旷所建的“史公祠”，原名叫“怀德祠”，嘉庆八年（1803）改为“灶王宫”

修缮后的江西会馆

黔阳古城一直是县治所在地，当年江西客商到此做生意的很多，江西会馆规模宏大

图为建在沅水、㵲水河畔的龙标胜迹门，门后为湖湘名楼“芙蓉楼”

黔阳古城南正街

在黔阳古城开古董店的商户

黔阳古城旅游文化研究会原会长陈志明说，古城鼎盛时有宗祠22座，现存11座，供家族使用的只有唐氏宗祠1座，有3座宗祠作为公产出租，还有7座待修缮，保护宗祠建筑最好的办法是有人在使用、维护

五九

双峰县荷叶镇
葛氏、屈氏宗祠及曾氏家庙

坐落在双峰县荷叶镇长塘村涓水河畔的葛氏宗祠，始建于清嘉庆十年（1805），清光绪二十年（1894）改建，占地20亩，民国时期葛氏家族在此开办学校

宗祠办学传统一直沿袭下来，宗祠学校后改为上达学校，校长谭凤梧在此教书34年，担任校长26年

宗祠有两进一天井，门楼前厅上有戏台，葛氏族人多次捐资修缮

后进大厅为寝堂，平时作为学生活动场所，每年清明、冬至祭祖时，打开护门烧香燃蜡，向葛氏先祖敬献祭品。现大厅上方安装了电子显示屏

宗祠两侧已经新建教学楼、食堂等教学生活设施，学校开设一至六年级，有教师15人、学生278人

宗祠家训“忠孝”“廉节”成为向学生传授中华传统文化的箴言

宗祠产权属于教育部门，利用宗祠办学使历史建筑得到妥善保护，这也是一种较好的保护文化遗产的形式

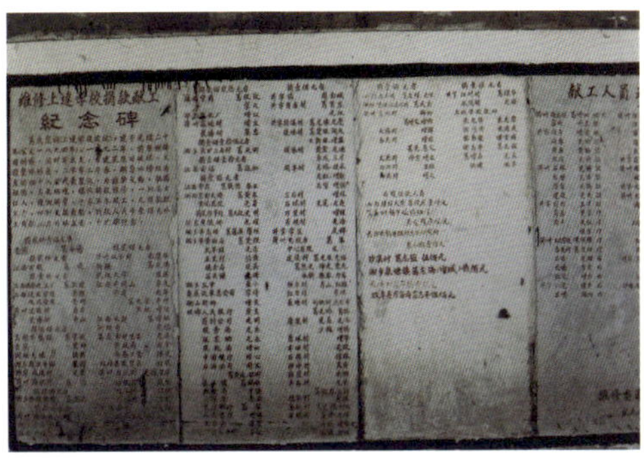

图为镶嵌在宗祠前厅墙上的维修上达学校捐款献工纪念碑。附近的葛氏族人有1万多人，宗祠逢5年大祭，开饭200余桌

双峰县荷叶镇石林村屈氏宗祠始建于清嘉庆二十三年（1818），2006年，屈氏族人花6万元收回宗祠产权，之后族人集资40多万元进行了修缮

2018年清明期间，屈氏族人在此举办“庆祝建祠二百周年暨清明祭祀大典”，屈氏宗祠因连续办学到1986年才得以保留下来

居住在屈氏宗祠附近的族人屈石绪（2021年受访时75岁，小学文化）平常负责打扫卫生，防火防盗，初一、十五在寝堂烧香，宗祠管委会一年补助他600元。他说，周边屈氏族人有5000多人，为族人服务、为先祖守灵是应该的

石林村90%的年轻人外出做事，多数在广东、长沙等地做电脑、电瓶生意，资产过千万的老板有七八个，过百万的不少，宗祠集中祭祖时，部分外出老板会抽空回村参加。祭祖仪式开始时，由司仪敲响挂在寝堂外的大钟

屈氏宗祠管委会副会长屈世健告诉来客，寝堂供奉的是从南岳大庙请回的屈原塑像及历代先祖灵位，每年在清明、端午、冬至分3次祭祖，族人认屈原为屈氏先贤

屈世健副会长说，宗祠平常维修主要是捡瓦添瓦，换腐烂檩子、椽皮，防止漏雨

双峰县荷叶镇曾国藩故居“富厚堂”，始建于清同治四年（1865），占地60余亩，建筑面积1万平方米左右，砖木结构，呈四合院布局，按前有照（半月塘）、后有靠（靠山）的风水规划，图中右方吹起的是曾国藩帅旗

富厚堂右侧的曾氏家庙是曾国藩咸丰七年（1857）在家守孝期间亲手营建的，又称思云馆，曾国藩在此居住守孝一年多

富厚堂是中国保存最完整的乡间侯府。据曾国藩曾孙女曾宝荪回忆，《汉书·高惠高后文功臣表》中，关于列侯记有“富厚如之”，故以“富厚”二字为堂名。整个建筑仿诸侯“泮宫”规制而建，前水后山均取半圆形，图为进入富厚堂大门后的坪场与过道

富厚堂有门楼、八本堂主楼、归朴斋、勤敬斋、思云馆及公记、朴记、方记三座藏书楼等建筑，图为右侧藏书楼。新中国成立后，富厚堂入驻乡政府、供销社、粮站、卫生院等7个单位，原建筑得以保留下来

图为左侧藏书楼外立面。二楼外廊过道晴天可用来晾晒书籍，2006年，富厚堂被公布为全国重点文物保护单位

曾国藩一族以耕读传家，藏书楼收藏曾国藩毕生所写的奏章、书信、诗文、日记和他珍爱的书籍30万卷约计10万册

曾国藩从小勤奋攻读，清道光十八年（1838）27岁考中进士，后组建湘军，平定太平天国，倡办洋务，官至两江总督、直隶总督、武英殿大学士。他与李鸿章、左宗棠、张之洞并列为“晚清中兴四大名臣”。图为曾国藩守孝期间住在思云馆的卧室

曾国藩生于1811年11月26日，1872年3月12日卒于两江总督任上，著作有《曾文正公全集》。后人章太炎评价：“曾国藩者，誉之则为圣贤，谳之则为元凶。”毛主席评“予于近人，独服曾文正”

欧阳夫人像

曾国藩像

曾国藩去世后，朝廷追赠太傅，封一等毅勇侯，谥号“文正”，祀京师昭忠、贤良祠，各省建立专祠祭祀。1872年6月，曾国藩灵柩运回长沙，7月安葬在长沙南门外金盆岭。同治十三年（1874），建曾国藩墓于伏龙山（今位于长沙市岳麓区坪塘街道），曾国藩与欧阳夫人归葬于此

当年湘军故里已发生翻天覆地的变化，村民住宅焕然一新

六〇

涟源市杨家滩镇
彭氏宗祠

涟源市杨家滩镇大冲彭氏宗祠，由族人于清乾隆三十一年（1766）扩建，建筑面积2370.4平方米，大门为封火墙牌楼式建筑

涟源市杨家滩彭氏宗祠采访手记

彭仁希老人介绍："宗祠祭祖活动清代到民国比较活跃，有大户人家牵头。彭氏宗祠2011年被列为湖南省省级文物保护单位后，村民的保护意识逐年增强，宗祠活动逐步恢复。主要活动有：一是冬至祭祖，每年一小祭，五年一大祭。二是扶贫助学敬老，每年捐助贫困学生7～8人，慰问困难和长寿老人10人以上。三是清明节祭扫始祖墓。我为宗祠做事情有意义，可教育后辈不忘祖先，发奋读书，多做善事。我对涟源市评选我为文物保护先进个人感到很高兴。"

彭氏先祖元末明初从江西迁来，在杨家滩大冲已传至二十七代，宗祠前厅的门楼戏台供族人看戏娱乐

宗祠前后有三进，中间主堂为族人祭祖议事之所

主堂正殿上方悬挂“诚敬堂”木匾

宗祠享堂供奉彭氏先祖挂像和祖宗牌位

宗祠厅堂左右为厢房，后进有天井和杂房，可供族人开餐、办学

青砖砌就的马头墙造型华美

彭仁希（2019年受访时90岁）老人原是小学教师，退休后为宗祠义务服务20年，担任大冲彭祖文化研究会名誉会长

彭仁希经常来宗祠打理维护

2019年，彭氏宗祠所在的高桥村党支部书记彭集林（前一）支持乡贤续修族谱

续修族谱由大冲彭祖文化研究会牵头组织，1994年四修族谱花费7万多元，2007年五修族谱花了18万元，都是族人自愿捐资的

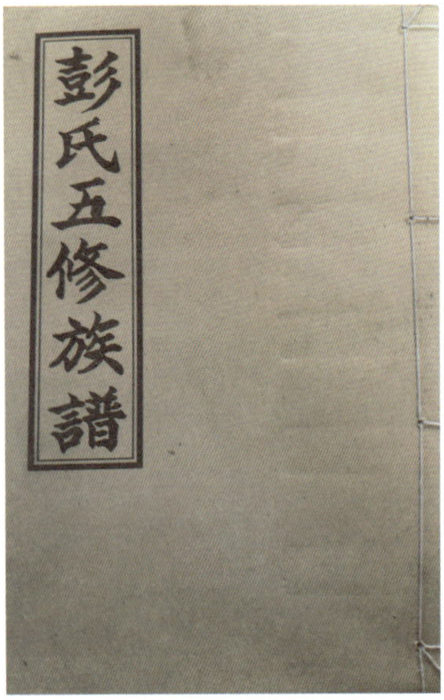

到彭氏宗祠认祖的有3万多人，五修族谱时载入2万多子孙，族谱封面由彭仁希老人题字

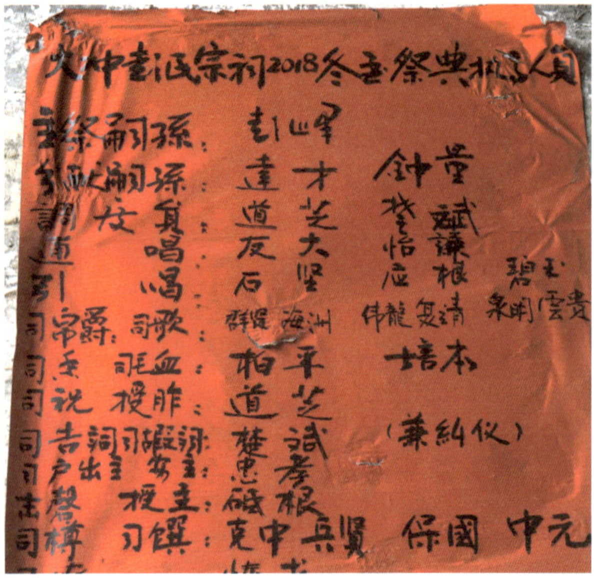

新中国成立后宗祠冬至祭祖活动停止，2000年恢复时来了300多人，开饭30多桌，2016年祭祖有1000多人参加，开餐100多桌，来的族人每人捐款200元，多的捐了1万多元。图为大冲彭氏宗祠2018冬至祭典执事人员名单

祭祖活动捐款除用于祭祖开销外，结余资金用于宗祠维修、助学济困等事项

杨家滩镇还有一批湘军将领建造的老宅，其中古松堂是湘军名将刘腾鸿所建，土改时分给15户人家居住，刘全美（2019年受访时81岁）与老伴李省成（2019年受访时77岁）一直住在这里，他是刘腾鸿一族的第五代后人

刘腾鸿父亲有5个儿子，4个参加湘军，刘腾鸿发迹后从浙江请来工匠建造了古松堂，柱子用的是铁木。新中国成立后老宅做过乡政府、公社、大队的办公场所，也办过学校、铁厂。老住户反映，住在这里冬暖夏凉，排水通畅

云桂堂由当地大户彭胜安四兄弟在清道光年间合资修建，于清咸丰四年（1854）献给湘军将领刘连捷。据说彭家拥有5000亩以上的田地，给湘军提供给养。云桂堂共有厅堂、厢房167间，面宽118.77米，进深60.85米，抗日战争时期办过西南交通大学

锡三堂是湘军右营统帅李续宾、湖北巡抚李续宜两兄弟在清咸丰年间所建，院落建筑面积4987平方米，占地100多亩，据说全盛时主家雇请200护兵看院

老刘家是一座统式大堂屋，始建于清康熙四十七年（1708），竣工于清乾隆五十六年（1791），老刘家出过云贵总督刘岳昭、朝议大夫刘岳旸、中宪大夫刘岳昀，又称“大夫第”，共占地20多亩，开有48个天井

师善堂主人也姓刘，做过提督，其老宅为清同治年间建造的四进院落，曾经居住过200多住户，现还有近50口人居住在这里

六一

吉首市乾州街道杨氏宗祠（九福堂）

吉首市乾州街道杨氏宗祠，又称“九福堂”，为曾任陕甘总督的杨岳斌在清光绪十二年（1886）所建。图为负责看护祠堂、打扫卫生的老奶奶与孙子孙女在祠堂门口合影

杨岳斌是乾州厅冲角营人，做过湘军水军统领、福建水师提督，清光绪十一年（1885）率十二营赴援、收复台湾，宗祠后进寝堂正中供奉杨岳斌画像和墓碑

杨氏宗祠分前后三进、上下两层，前厅与两厢有10多个房间

当年，杨家逢有大事，就请杨氏族人在此祭祖、议事、看戏、开餐

杨岳斌后人住在长沙等地，一般清明回来祭祖挂青。这些年杨氏宗祠已租给苗族学者龙文玉先生（右一）开办苗族博物馆

离杨氏宗祠不远处，是杨岳斌故居，占地1000多平方米，建于清同治、光绪年间，称“宫少保第”，湖南省非遗项目“乾州春会”传习所设在这里。2022年正月初三，“乾州春会”非遗传承人滕辉一大早来到传习所，组织春会表演人员化妆

滕辉与他四叔滕召武指导女老师为荷花仙子化妆、打扮

滕辉帮扮演“水漫金山”中青蛇的童子穿戴行头

滕辉教童子练习舞剑

老师傅辅导阳戏旦角亮相

收拾行装，准备启程

游春队伍从杨岳斌故居集合，出发到古城“三门开”迎春、出演

迎春活动先由苗老司领头燃蜡、点香、烧纸，恭祭祖先

迎春会礼请吉首矮寨三位苗老司焚香主祭

苗老司跳起祭祀舞蹈绺巾舞娱神

吹响牛角法号，送瘟辟邪

苗族长老播撒五谷，祈祷天佑人间，早日战胜新冠病毒，并求百姓安康，五谷丰登

因新冠肺炎疫情影响，乾州春会游春改传统游街为游万溶江

六二

泸溪县浦市镇
李氏、吉氏宗祠

泸溪县浦市镇李氏宗祠始建于清代早中期，宗祠坐西朝东，由两个院子组成，占地2500平方米。李氏后人李奇才（2019年受访时80岁，高小文化）退休前是泸溪县建筑公司会计

李氏先祖李世华，明末从江西南昌府到湖南辰州府做官，部分后人迁往浦市经商，主要经营毛铁冶炼和桐油，发家后兴建了这座宗祠

李氏一门出过5个县令。其后人分散到美国、巴西、中国台湾、中国香港等地，有2000多人，如今在浦市居住的有400多人

新中国成立前，李氏宗祠每年正月举行祭祖活动，兴盛时有500~600人参加，请戏班在宗祠戏楼唱戏，开餐、唱戏花销在宗祠60多亩公产田收入中列支

宗祠族长一般由有声望、有家产的族人担任，负责主持族务会议，褒善惩恶，维护子孝孙贤的宗族秩序

李氏族人李玉书于清嘉庆年间创办李家书院，为两进“窨子屋”，正厅三开间，院墙高10.6米

李氏家族在此设立家庭私塾，收教40多个族人子弟，书院外大坪成为老百姓举办民俗文化活动的场所

当地民众以浦市历史上曾有过的繁华而自豪

李氏家族除兴建宗祠、书院外，还在浦市街上办了李家画院，占地面积约300平方米，有两进一厅一小花园。民国时期浦市商会会长的孙子朱健翔借此办起湘西版画院

朱健翔是华中师范大学教授，他特别喜欢家乡老宅的古色古香

朱教授的学生手工刻板制作的门神年画

一条李家巷子，见证了浦市近代社会的深刻变迁

追根溯源是中华民族的传统，2019年，保靖县涂乍乡涂乍村的李官坤、李明权一路寻祖来到浦市，与李奇才接上了头，正在对李家字辈

浦市文化人刘云花6年时间自费收集浦市祠堂、会馆、老宅等历史建筑资料出版了《神秘古镇浦市》一书，身后是他多次造访的吉氏宗祠

吉家也是浦市的大户，吉氏宗祠曾被国民政府征用，做过国民党的陆军监狱

江西商户一度在浦市风生水起，清光绪年间兴建的江西客商会馆称作“万寿宫”，建筑规模为当时浦市13家会馆之最。浦市在明清、民国时期为大西南的商贸物资集散地，居湘西四大古镇（其他三个古镇为永顺王村、花垣茶洞、龙山里耶）之首

“青莲世第”是李氏族人的又一杰作，现租借给周明霞老师办茶书院，这座古宅吸引着寻找“旧时王谢堂前燕，飞入平常百姓家”场景的文化人前来探访

六三

凤凰县沱江镇田氏宗祠

凤凰县沱江镇田氏宗祠坐落在沱江北岸老营哨街上，为时任钦差大臣、贵州提督的田兴恕在清道光十七年（1837）率族人所建

田兴恕因作战勇猛，24岁就任贵州提督，其子田应诏做过湘西镇守使，田氏宗祠在他手上修建完工。宗祠建有戏台、大殿、天井、回廊，有大小屋宇20多间

田氏宗祠院内台阶系红砂石修砌，起势开阔

田氏宗祠厅堂高门大开，可见当年祭祖规模

镇上的老人常来此溜达，回忆过往的岁月

凤凰旅游兴起后，田氏宗祠经维修租给外人经营

2021年，凤凰县文联主席肖五洋介绍，凤凰历史上的宗族祠堂，新中国成立后多数收归政府，这些年县政府将宗祠的修缮交给县文联实施

六四

凤凰县沱江镇杨家祠堂

凤凰县沱江镇杨家祠堂系清朝太子少保、果勇侯、镇筸总兵杨芳率族人在道光十六年（1836）所建

杨家祠堂位于古城沱江镇北边街，20世纪50年代做过县政府机关驻地

据说杨芳一族是宋代杨家将后裔，杨家祠堂一度为杨氏族人祭祖、议事、看戏、开饭的场所

杨家祠堂占地面积770平方米，祠堂大门对着沱江斜开，相传这样可使杨家祖业千秋不衰

祠堂呈四合院布局，上下两层，进门有戏台

凤凰旅游兴起后，县政府将杨家祠堂委托给古城旅游公司管理、维护，出祠堂不远便是凤凰古城北门

来凤凰古城旅游的游客在虹桥合影

这些年，凤凰古城举办苗族银饰服饰文化节及“中国·凤凰民俗摄影双年展”，吸引了中外游客前来观光旅游。中国苗族有100多个支系、100多种服饰样式，不同支系的苗族着装风采各异，图为湘西凤凰苗族姑娘身着盛装

图为在凤凰古城沱江跳岩上行走的苗女，苗族银饰、服饰琳琅满目，美不胜收

六五

凤凰县沱江镇陈氏宗祠

陈氏宗祠位于凤凰县沱江镇西门坡，系陈氏乡绅陈炳、陈开藩等于民国四年（1915）发动族人捐资兴建；民国十二年（1923），时任湘西巡防军统领陈渠珍牵头扩建

陈氏宗祠原叫陈家祠堂，后来一度改为朝阳宫，有门楼、戏台、天井、正殿等建筑，为南方四合院布局

宗祠戏台时常上演凤凰阳戏、傩戏。戏台两边楹联为“数尺地方可家可国可天下，千秋人物有贤有愚有神仙”，横批为“观古鉴今”

1949年8月，陈渠珍参加程潜、陈明仁领衔的湖南和平起义，此后移居长沙做湖南省政府委员。陈氏宗祠20世纪50年代收归政府所有，县政府后来将其作为凤凰画院及县文联的活动场所

陈渠珍毕业于湖南武备学堂，早年加入同盟会，在清宣统元年（1909）以新军标队官入藏参加抗英平叛，遇藏族姑娘西原，与之相爱结缘，后写下《艽野尘梦》一书，记叙了这段刻骨铭心的爱情和藏地的风土人情，该书被学界列为入藏人员必读书

时常回家乡小住的黄永玉先生，喜欢到陈氏宗祠看地方戏，图为黄老在凤凰古城玉氏山房向来客摆龙门阵

随陈渠珍驻防保靖，做过陈渠珍书记官的沈从文，很早接触底层社会，后来成为中国著名乡土作家，写下了《边城》《湘行散记》《从文自传》等作品。图为凤凰沱江镇中营街沈从文故居，房子是其祖父、曾任清朝贵州提督的沈宏富购买旧民宅拆除后新建的

沈从文与苏州才女张兆和1933年在北平结婚，夫妇俩养育了长子沈龙朱（右一）、次子沈虎雏（右二）。图为北京沈虎雏家，右墙上侧挂有沈从文像（左起依次为：沈虎雏夫人张之佩、女儿沈红）

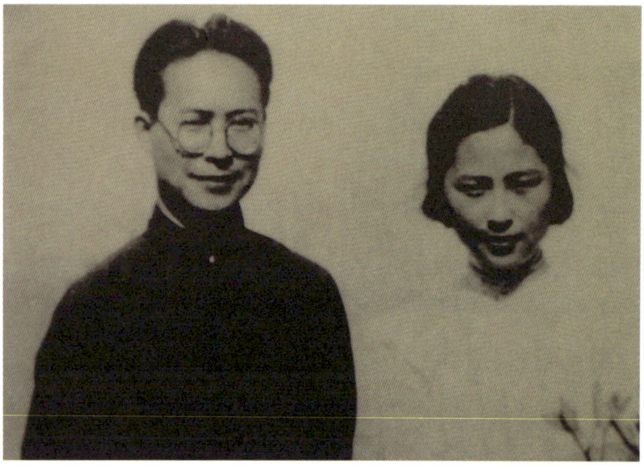

年轻时的沈从文先生与夫人张兆和女士

图为距离陈氏宗祠不远处的陈宝箴宅第。陈宝箴曾任凤凰道台、湖南巡抚等职，清光绪二十三年（1897），他在长沙批准设立时务学堂，任命熊希龄为提调（即校长），聘请梁启超为中文总教习。学堂培养了蔡锷等一批国家栋梁，陈宝箴的儿子陈三立及孙子陈寅恪、陈师曾分别为民国一代诗人、国学大家和国画家

从湖南时务学堂走出的凤凰“神童”熊希龄，后来担任过北洋政府财政总长、第四任国务总理，卸任后在北平创办香山慈幼院，被推选为世界红十字会中华总会会长，他致力于赈灾济难及慈善教育事业，去世后，国民政府为其举行国葬。现在来凤凰古城熊希龄故居参观的人不少

熊希龄、毛彦文结婚周年照

六六

永顺县灵溪镇老司城村
彭氏宗祠（土王祠）

彭氏宗祠又称土王祠，建造在离永顺县城20余公里的灵溪镇老司城村老司城遗址半山腰上，分为两进，前进为大门和耳房，后进为正殿，始建于明代，重建于清代

祠堂中间开有天井，天井正中靠后台阶上立有德政碑，记载着土司王“用贤退吝”的政绩，图为县文物部门同志讲解土王祠文物

彭氏土司共世袭二十七代，历经800余年（含永顺王村治所），传位35位土司王，祠堂外的老司城遗址规模宏大，据永顺县志记载，老司城鼎盛时期有城内三千家、城外八百户的盛景

老司城本名福石城，是南宋绍兴五年（1135）至清雍正二年（1724）永顺彭氏土司的政治、经济、军事、文化中心，之后土司治所移至永顺颗砂乡，老司城选址在灵溪河畔筑城，这里水运通畅，辖区粮食、山货等物在此汇集

清雍正五年（1727）改土归流后，彭氏土司迁回江西吉水，一些杂姓族人留在老司城繁衍下来，清雍正七年（1729）设立永顺府，辖永顺、保靖、桑植、龙山四县

老司城后人能完整讲述这段历史的人不多

这位在灵溪河边歇气的老人说，彭氏土司搬走后，老司城就衰落了

老司城申报世界文化遗产成功后，来这里访古旅游的人多了，村民用油砂炒“阴米”卖给游客

永顺土家族祭祀先祖，由土家梯玛担任主祭，图为土家梯玛在老司城玉皇殿中祭拜祖先

脚踩炭火烧红的铧口，是土家梯玛的拿手功夫

土家梯玛吹响牛角法号，追思逝去的彭氏先祖

远隔时空的对话，代代传承下来

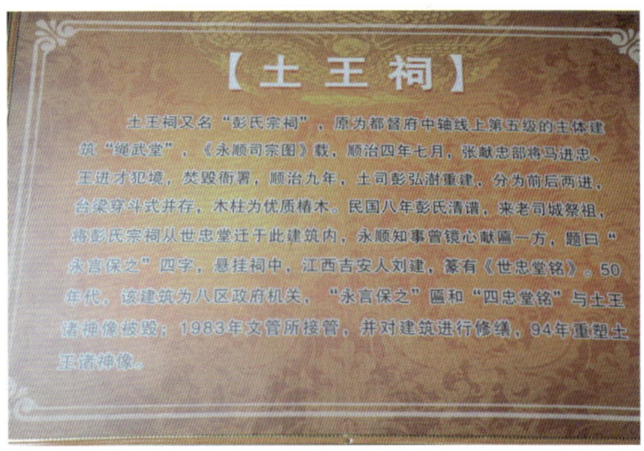

2015年7月，湖南永顺老司城遗址与湖北恩施唐崖土司城遗址、贵州遵义海龙屯土司遗址被列入世界文化遗产名录，图为永顺老司城土王祠简介

只有主动融入时代　宗祠文化才有光明未来

——宗祠文化调查启示

近些年，我先后调查走访了40多座湖湘宗祠。走进这些历经岁月磨洗的宗祠，探访近代湖湘宗祠文化的保护、利用、传承状况，了解其盛衰起伏的轨迹，重新审视其有益价值，能给人不少醍醐灌顶的启迪。

一、宗祠文化一度断裂在所难免

宗祠文化是一种以宗祠为依托的传统文化，它厚植于中国乡村社会的沃土。宗祠文化包含堂号、堂联、字画、牌匾、碑刻、砖（木、石）刻、雕塑、族谱以及在宗祠举办的祭祖、教化、祠戏、婚丧喜庆等活动仪规和祠规民约。宗祠文化中的祭祖、敬贤、收族、教化、规范、维系等功能，体现了民间的伦理道德文化、族群文化和民间信仰。

从近代历史看，宗祠文化的盛衰起伏，一是取决于统治阶级或当政者的态度。家族宗祠起源于汉代，盛行于明清、民国，其兴盛是因为统治者的允许、支持，将族权纳入乡村治理体系，弥补皇权止于县的不足。二是取决于它赖以生存的经济基础。明清时代的经济发展给宗族势力的强盛奠定了基础。族产、族田、义学收益，乡绅捐赠和族人出资，为旧时宗祠兴建、修缮、续谱、祭祖、运行的主要经济来源。规模宏大的宗祠，多数是乡村大户人家起头承建的。后来时事变化了，这些来源断绝了，宗祠活动就失去了依靠和经济支撑，它的衰落就难以避免。三是取决于民间的信仰和习俗。民间信仰和习俗对人的影响是春风化雨、潜移默化的。民间信仰它，官方的禁止有所不逮，遇到合适机会，它又会死而复生。

宗祠文化的核心价值是姓氏文化和忠孝文化，它本质上是维护旧思想、旧秩序的。五四运动以来的反帝反封建运动，打乱了传统的儒学礼教秩序。新中国的建立，彻底地翻转和改造了乡村基层社会。土地改革将宗祠等祠产、祠田收归公有或分给贫苦农民。紧接着，国家力量下沉并主导乡村社会，改变了由乡绅和族权共同治理乡村社会的传统格局。延续数代的以血缘和宗族势力为纽带的宗祠文化出现断裂，宗祠运行步入低谷。后来的“文革”，又进一步扫荡了宗祠文化的残余，宗祠活动一度停止下来。

二、乡贤是宗祠文化兴起的主要推力

湖湘宗祠遗产在中国南方诸省中算是保留得比较好的。据不完全统计，全省遗存下来品相较好的宗祠，已被列为国家、省、市州、县

醴陵市彭氏家庙

市区四级文物保护单位的，有500余座。这不包括近年新建、重建及主体建筑遭到破坏毁损和濒于垮塌的。如郴州市汝城县，境内有明清以来古宗祠707座，至今保留较好的宗祠有304座。又如邵阳市洞口县，全盛时期的古宗祠有300多座，现保留下来的古宗祠有40余座，其中曾八支祠等11座宗祠被列为全国重点文物保护单位。永州市江永县的勾蓝瑶寨，13个姓氏建有13座宗祠。族人对宗祠先贤和祖训如数家珍，引以为傲。不少宗祠建筑规制恢宏，装饰精美，风格迥异，集一代文化技艺之大成。一些宗祠的祭祖、教化活动，坚持向上向善的价值取向，仪规肃穆，促人奋进。而在保护、利用、传承宗祠文化中发挥牵头作用的，多数是族人称颂的乡贤。

洞口县萧氏宗祠寝堂

浏阳市泮春村周氏祖祠祭祖仪式

所谓乡贤，原是指品德才学为乡人推崇敬重的人，近似旧时代口碑较好的乡绅。用今天的话语，可特指在乡或回乡热心乡村公益建设、回报桑梓的成功人士。这一轮宗祠文化的重启，他们是推动的主力。

从历史上考察，湖湘宗祠多由乡绅和外出做官、经商成功人士牵头出资建造或修复、重建，建造加扩建施工年限长的有几年甚至几十年。宗祠建筑多为砖木结构，往往毁于火灾、战乱以及社会变革时的拆毁、废弃和自然垮塌。部分宗祠毁后重建，也有屡毁屡建的。在战乱和革命年代，宗祠作为乡村公共建筑，除宗族祭祖、聚会、办学等用途外，常用来临时驻军和办战时医院、兵工厂，乃至做赈灾、避疫场所。宗祠的兴建、使用与活动开展，得力于热心族务的乡绅的组织和周旋。

宗祠保留下来的原因，一是一直在使用。宗祠是乡村品质最好的建筑，社会变革后使用没有间断。分给农民做住房的，住户对建筑自然爱惜。改办学校，改作仓库、工厂、卫生院或乡村组织办公用房的，公家的维护也跟得上来。二是遭遇破旧立新运动时，基层干部和族人出面交涉、守护，制止拆除，或者变通，保住主体建筑。我在浏阳市乡村宗祠调研中碰到一位老村支书，他说“文革”“破四旧”时县乡霸蛮要拆宗祠，经过他与族人力护才保留下来。三是一些具有历史、文化、科学、艺术价值的宗祠，陆续被列为各级文物保护单位，纳入国家文物保护体系，通过文物部门系统、专业的保护工作，免于毁损，重放光彩。炎陵、浏阳等地驻扎过秋收起义部队和红军的宗祠，已被列为传承红色基因的教育基地。四是利用宗祠遗产发展文化旅游，开辟宗祠保护、增收的多元途径，这种趋势方兴未艾。

在调查中发现，20世纪80年代以来，宗祠活动逐步恢复。参与宗祠维护、祭祖、修谱、助学等活动的，多为60岁左右及以上的老年人。担任宗族理事会会长、族长、房长、常务理事等牵头人职务的，主要是企业家、退休官员、基层干部、退休教师和农村能人。有的会长和理事会成员就是过去族长、乡绅的后人，有着急公好义、热心族务的传统。如今乡村称这些人士为新时代的乡贤。他们有着较好的人脉资源和动员能力，有的经济实力较强，办事舍得拿钱。这些年宗祠的修复和保护资金的筹集，除政府拨款外，不少是乡贤与族人捐资先搞起来的。而日常维护、祭祖、修谱、助学等活动的开展，主要来自族务理事会的发动，经济条件好的多捐，一般族人凑份。对筹集的资金实行民主管理和账目公开，接受族人监督。宗祠管理逐步走上规范轨道。

乡贤成为这一轮宗祠文化兴起的主要推力的缘由，一是乡村社会回归传统文化的需要。20世纪90年代以来，社会转型节奏加快，市场经济竞争加剧，大批农村中青年外出打工，改变了乡村社会的原有格局，催生了不少新生事物，也激活了一些已经沉寂的传统文化因子。在经历都市漂泊生活的繁华、喧闹与浮躁后，寻找属于自己的文化根脉和精神慰藉，成为乡村精英和民众的现实追求。落叶归根、敬祖尊贤、从善如流这些宗祠文化的丰富内涵，恰恰适应了这种寻根问祖的需要。二是乡村自治的推动。“文革”结束后，我们党总结了乡村治理的兴废得失，把加强党的基层建设、实行村民自治、发扬乡村民主、建设乡村文明作为改进治理的重要路径，支持发扬中华优秀传统文化，并将此纳入社会主义核心价值观加以推广，这为重启宗祠文化开辟了空间。三是乡贤自身的担当和探索。改革开放打破了城乡分割的藩篱，释放了农村人才的创业潜能。一批勤奋能干的农村人才经过奋斗创业，进入城镇机关、学校、企事业单位，有的开办了自己的公司、工厂。这些事业有成的农家子弟，老家、神龛、祖坟都在农村，发达后想着感恩先祖，回报家乡。而回乡赞助宗祠修复，弘扬宗祠文化，以此联络乡亲，安放在外打拼的游子心灵，无疑是父老叫好、积德向善的一种选择。我随机采访多个守护宗祠文化，带头出资出力的会长、族长，他们的回应是：为宗祠、为家乡做点事、出点钱是应该的，是值得的。看来，回归宗祠文化，或许成为消减社会转型期彷徨、焦虑心理，寻找心灵寄托，感念乡愁，建设乡村精神家园的一剂良药。

三、只有主动融入时代，宗祠文化才有光明未来

经过革命洗礼和多轮破旧立新之后，重启宗祠文化，不应该是简单的历史轮回，而应该主动融入新的时代，寻求行稳致远，在推进国家治理体系和治理能力现代化过程中找到自己的位置，发挥其辅助基层治理的积极作用。

借助宗祠文化遗产中先人累积的生存智慧，克服社会转型期的困扰。在经济持续发展、财富持续增长的今天，如何爱惜财富、保护环境、构建和谐，如何才能使我们的子孙后代生活得更从容、更开心，身心更健康一些，使国家、民族实现可持续发展，可从宗祠文化倡导的勤俭持家、尊老爱幼、和睦相处、清廉为官等祖训和家风中找到精神追求的源泉，让先人留下的“人在做，天在看”“举头三尺有神明”这些朴素认识真正扎根读书人心中，培养他们的感恩和敬畏意识，帮助他们克服市场经济物欲横流中容易滋生的急躁与贪婪，以立德树人为国家改进治理提供后续支持。

悉心保护传承好宗祠建筑这批为数不多的珍贵文化遗产。通过我们的不懈努力，让子孙后代能看到中华优秀传统文化在乡村的实物传承和活态传承，能找到先祖开辟的来时的路。引导社会公众特别是

武冈市霍氏宗祠举办文娱活动

洪江市黔阳古城冯氏宗祠维修

年轻一代关注宗祠遗产的保护利用，提升全社会支持和参与保护宗祠遗产的文化自觉。争取多元投入，抓紧修复破损严重、具有历史文化艺术价值的宗祠。认真落实宗祠防火责任，消除火灾隐患，避免重蹈历史上多次失火烧毁宗祠的覆辙。坚持做好日常的管理维护工作，建立长效管护机制，延长这批乡土精品建筑的使用寿命。利用宗祠遗产发展民俗文化旅游，展示中华优秀传统文化，增加宗祠遗产经营收益，推动宗祠遗产的保护传承和永续利用。

主动对接社会主义先进文化，积极融入国家乡村治理体系。充分利用宗祠文化资源，挖掘传统道德积淀，兴利除弊，发挥宗祠文化中忠于国家民族、孝敬父母长辈、耕读传家、扶贫济困、扬善惩恶等优良传统。扬弃宗祠文化中男尊女卑、等级森严、因循守旧等与时代相悖的陈旧观念。对接“爱国、敬业、诚信”等社会主义核心价值观，使宗祠文化为新时代所用。宗祠理事会要自觉接受党组织的领导，坚持依法依规开展宗祠活动，配合党政开展移风易俗、家风传承、文明创建、维护社会稳定、老年文体娱乐、关心下一代等工作，进一步推动乡村善治和长治久安。

宗祠作为传统乡村社会的文化遗存，它的维系和消长无疑受到时代的影响。现在湖湘大地保留下来的宗祠，比起全盛时期毕竟是少数，通过乡贤动员重新修建的也是一时之兴。一些保留下来的宗祠，因创建者后人衰微或缺乏头面人物理事，宗祠活动已经停止。依个人的看法，原有宗祠已经拆毁或垮塌，族人没有要求的，不必重建。已经被现代治理秩序覆盖的村落，也没有必要重启宗祠建筑与宗祠文化。时代前进了，以新文化取代旧文化，应该允许民众有多种选择。

调查采访过程告诉我们，在已经恢复宗祠文化的乡村，如果社会需要它，族人和民众接受它，它的存在就是合理的，有价值的，人为改变恐有反复。历史的辩证法将继续证实，宗祠文化中的中华优秀传统文化成分会以新的形态、新的解读出现在新的时代，回应这个时代的精神需求，并锲入这个时代的治理体系，以此赢得生生不息的光明未来。

2020年7月10日

宗祠文化传承究竟能走多远

——再探湖湘宗祠文化

湖湘宗祠文化源远流长，近代以来的震荡、波折，蕴含着中国社会发展变革的丰富信息。通过后续的调查走访，我对其中的走势和演化再做一番探析。

一、红火起来的宗祠

湖南是红色资源大省。在革命战争年代，宗祠作为乡村社会的公共建筑，不少用于驻军和做红色政权的办公场地。湖南近代名人辈出，一些老一辈革命家和革命先烈的祖祠，成为教育党员和青少年传承红色基因的场所。政府近年陆续将这批宗祠列为国家、省级、市州级文物保护单位，拨款进行维修，挂牌为革命传统教育基地。借“不忘初心、牢记使命”主题教育和建党100周年活动之势，来这批宗祠参观学习的人员逐渐增多。革命英烈与先贤在宗祠受到供奉、尊崇与缅怀，来访者可从中获取前行的力量。

开展精准扶贫，发展乡村旅游，也是宗祠文化重放异彩的推手。利用宗祠、会馆、风雨楼、保寨楼、鼓楼等公共建筑和民居老宅资源，策划乡村旅游，成为这些年民俗文化体验游的一个热点。品相好的宗祠，与传统村落一道，被旅游文化公司包装推销，行情正在起势。

驻村工作队和文化人下乡，发掘了宗祠文化在构建乡村文明、保持乡村传统文化风貌、延续乡村田园生活方式方面的独特价值。这里面确有懂行的人，他们对城市建设高楼大厦、水泥丛林的弊端，对跟风新造古董的审美厌倦，已有切身体会。推动宗祠遗产保护利用，很大程度上来自他们的商业敏锐和文化自觉。他们保护、宣传、推介宗祠文化遗产，帮助基层开辟旅游增收渠道，为乡村振兴吸引人脉、人气，带火了宗祠文化旅游。

二、诚心守护宗祠的，多为心存敬畏的中老年人

用丰子恺先生的理念观察，宗祠守护现状可分为物质守护、精神守护、灵魂守护三个层次。守护宗祠建筑遗产，使之免遭毁损，这是物质守护。利用宗祠遗产开展教化，凝聚人心，匡正风俗，发挥其辅助基层治理的正能量，属精神守护。而醉心族务公益，身体力行地行善积德，践行祠训、祖训，则归于灵魂守护范畴，这需要守护者的诚心与坚韧。

洞口县谭氏宗祠族人在寝堂上香

在走访中，我发现进入宗祠管委会、理事会的，多为饱经风霜的中老年人。他们主动担负宗祠维护管理、组织活动的责任，乐此不疲地为宗祠、为族人打义工。一是带头捐款。会长、副会长多的给宗祠捐款40万～50万元，少的也有几万元。家里经济条件欠佳、捐款少的，争取为宗祠多做事。二是利用人脉资源，多方筹资，主持宗祠修复、维护，落实消防责任，确保消防安全。三是牵头组织祭祖、修谱、济困、助学等宗祠活动。询问他们守护宗祠的初衷，多数人回答："为先祖守灵、为族人服务，我们心甘情愿。"

这些七老八十的宗祠守护者，往往心存敬畏，痴迷先祖留下的物质、精神财富，将此视为家族传世珍宝。我采访过洞口县洞口镇伏龙洲萧氏宗祠管委会会长萧水林，他年已70多岁，做过县化工厂厂长、木器厂厂长。从2002年起，他与另外两位宗祠管委会成员发动族人筹资260多万元，自己带头出资20多万元，启动萧氏宗祠修复工程。之后5年时间，他一直在工地监工至修复完工。他说："我为宗祠做义工20年，我这一生值得。"

三、弘扬忠孝文化的价值何在

宗祠文化的核心是忠孝文化。对它的价值判断，很久以来都有仁者见仁、智者见智的争议。忠孝文化能在当下社会有用吗？它能与主流文化价值观契合吗？它的消极影响如何克服，积极因素又如何发挥？如此等等，需要时人作出客观、恰当的回应。

忠孝文化无疑是封建文化的一个遗存。它的本意是宣传忠君、爱国、孝悌、睦族等儒家思想，倡导做忠臣孝子，精忠报国，其宗旨在于维护封建社会秩序。近代中国的反帝反封建革命，打破了忠孝文化，翻转了社会底层，开启了人民主导的革命、建设、改革开放新纪元。五四运动以来，不对忠孝文化做这样的批判和否定，就很难冲破旧思想、旧文化的束缚，建立起人类历史上崭新的社会制度。

进入新的历史时期，经过对“文革”的反思和改革开放的洗礼，党提出继承弘扬中华优秀传统文化，为我们重新认识、评估忠孝文化提供了新的视角。习近平总书记指出“坚持把马克思主义基本原理同中国具体实际相结合、同中华优秀传统文化相结合”，“在家尽孝，为国尽忠是中华民族的优良传统”，为我们在新时代继承、吸收、运用忠孝文化的有益价值指明了方向。用唯物辩证法的观点审视传统的忠孝文化，其主导价值与当下倡导的忠于党、忠于人民、忠于国家、孝敬父母、敬业诚信有相近、契合的一面。利用其积极因素教育子孙后代，影响社会风俗，辅助基层治理，维护社区秩序，无疑是有益的。大的方面，对于传承中华民族的文化根脉，增强中华民族文化自信，乃至对于中国共产党长期执政，推动国家治理体系和治理能力现代化，都有积极作用。

湘潭县尹氏宗祠“忠孝”箴言

忠孝文化的核心价值，一是它维护国家独立、统一、安全，维护社会稳定，它本质上是爱国家、爱中华民族的。二是在一个族群内，它倡导尊老爱幼、扶贫济困、节俭廉洁、遵守法度、诚实守信，这些理念不仅维护了家族、村社的伦理秩序，而且维系了中华民族的生生不息和中华文明的连绵不绝。三是它主张族人通过苦读成才，实现出人头地，光宗耀祖，这里面有鼓励上进、为国育才，促进社会阶层流动的积极一面。而忠孝文化中“万般皆下品，惟有读书高”“男尊女卑”“三纲五常”等阻碍社会进步的陈腐观念，应当摒弃。传承宗祠文化，也宜取其精华，趋利避害。

四、宗祠文化传承究竟能走多远

调查走访宗祠文化，能接触、了解许多社情民意。个中有我的思考，也遇到一些来自基层的发问。一是部分宗祠长老反映，当年发动族人捐资修缮宗祠时，有基层干部认为这是搞封建迷信。二是也有基层同志担心，宗祠活动开展会不会使宗族势力坐大，削弱或挑战基层党政组织的治理权威。三是宗祠文化毕竟是旧思想、旧制度的产物，能否批判继承为新时代所用，社会精英的认识不尽相同，往后走会不会出现反复和折腾。这些认识和疑虑，涉及宗祠文化传承是否会自生自灭或再度沉寂，它究竟能走多远的问题。

如今，宗祠文化依托的社会环境已发生很大变化，传承宗祠文化应该与时俱进，不宜停留在改变“人心不古”的粗浅见识上，一些新的情况、新的苗头值得主动跟进。一是不少宗祠传统活动已经停歇或基本“熄火”，而宗祠的休闲、娱乐、文化、旅游功能逐步显现。这是市场经济选择与乡村旅游兴起共同作用的结果，能为产权经营者、族人、村民增加现实的经济收益和活动空间。纳入公产管理和平台公司经营的城乡宗祠，这方面更为明显。二是祭祖、续谱、睦族等传统礼仪、教化活动，在管理团队筹资能力比较强、有会长或者理事长热心担当的宗祠开展得频繁些。乡村经济发展和村民财富积累到一定阶段，向往精神文化，热衷公益事业，倾心打理族务，追求光耀门楣，意在奉献桑梓的乡贤多了起来。三是宗祠文物保护等级比较高，产权明晰，归属族人所有的，一般来说，管护、修缮的责任比较明确，族人参与宗祠维护、礼仪、教化活动比较自觉，管护人员以守护先祖留下的族产为荣。这些新的走势和气象，应引起研究者关注。

湖湘大地遗存下来的宗祠，多数是集一代建筑、雕刻、书法、绘画等技艺之大成的瑰宝。它是一座艺术宝库，具有很高的历史、艺术、科学欣赏价值。这些散落在城乡的文化遗产，越往后越是稀缺。后人的复制、仿造，很难达到明、清、民国时期的手工技艺水平。宗祠建筑中的精品已列入国家重点文物保护体系，走上依法保护的轨道。用心保护好这批为数不多的文化遗产，是我们这一代人和今后若干代人义不容辞的责任。务必通过我们的努力，让子孙后代能看

丁塘村村支书与学生在祁东县魁公祠

到先祖在建造礼制建筑方面的智慧和用心，能从中领悟中华文明的博大精深。

宗祠文化的规劝、浸润和熏陶，是比较管用的，它在民间往往具有春风化雨的力量。我问过从外地返乡参加宗祠祭祖、助学、表彰活动的年轻人，他们告诉我，回村祭祖是自愿的。他们说，像赚钱、发财、升迁要走正道，做人要敬老爱幼、勤俭持家，糟蹋粮食、做坏事会遭天打雷劈，立身要讲诚信，不能辱没祖宗，要对得住天地良心，这些祖先一代一代传下来的族训、家训，深深刻在他们心中。它教给子孙的是浅显的做人道理、做人底线，它对人的一生起着潜移默化的作用。一般的时事学习和教育灌输，还达不到这个效果。而发挥乡村“五老”立德树人作用，以祖辈口传心授、循循善诱、以身作则，带动青少年思想道德教育入脑入心，也需要从宗祠文化中吸取滋养。

正在进行的社会转型，解构了一些正常的民间伦理秩序，而新秩序的建立、完善，有一个探索和逐步规范的过程。20世纪90年代，歌手孙悦在《祝你平安》中吟唱:“你的所得还那样少吗，你的付出还那样多吗”，其中的劝慰“请你多一些开心，少一些烦恼”，至今歌犹在耳。后来患病早逝的女博士于娟，写作《此生未完成》时感叹：“在这个世界上，名利权位，没有一样是不辛苦的。”她们的劝慰和醒悟，折射了当下民众在社会转型、职场打拼遇到的愁苦、无奈与挣扎，这恐怕需要从源头上解开人们的心结。现在国家发展了，老百姓生活好了，虽身处盛世，仍然少不了矛盾、问题和烦恼。“人生不如意者十之八九”，人们对美好愿景的追求，是永无止境的。像社会道德诚信缺失，教育医疗改革有待完善，发展症结亟须破解，不仅解决这些累积的矛盾尚需时日，而且新的问题和风险还会不断冒出来。古人说：“礼失求诸野。”历经世事变迁留存的宗祠文化，恰好具有解难释疑的疏导功能。顺势引导得好，它可以帮助缓解因心理不平衡触发的痛楚，可化解市场经济急功近利带来的某些弊端，给城乡人口流动和职场竞争加剧的社会带来一个安放心灵的精神家园。它或许能够为世人悟透利义，学会看开放下，追求向善上进，为读书人坚定理想信念，克服言行不一，树立造福社会、造福人民的人生观、价值观，提供一个与主流文化价值相互补充的人生指向。

建设民主政治与法治国家，致力实现社会公平、正义，是中国共产党领导人民的不懈追求，也是浩浩荡荡的历史潮流。无论社会如何发展变革，最终都会朝着遵循客观规律、回归科学理性的方向走。我们党正在推进的治理体系和治理能力现代化建设，为中华民族的永续发展开拓了康庄大道。弥补制度、机制的缺失，主导力量要依靠党政组织不断改进治理。发挥宗祠文化的辅助治理功能，应该在基层党组织的领导下有序进行。宗祠管委会和理事会的成员要主动接受党组织的领导，围绕党政所急、族人所需、宗祠所能，多做一些有利凝聚人心、有利乡风文明、有利乡村发展的善事。传承宗祠文化，应积极跟进党和国家的治理方略，寻求融入国家治理体系，在形成合力、推动善治上找准自己的位置。总之，对近现代中国历史发展已经作出的基层治理选择，我们应该维护和珍惜。只有这样，国家和民族才能减少折腾，不断兴利除弊，实现可持续发展。

2021年7月20日

转益多师是吾师

——关于湖湘宗祠文化的认识、讨论与回应

在湖湘宗祠文化调研过程中，湖南省政协文史博览杂志社、湖南省摄影家协会、长沙晚报、星辰在线、红网时刻、湖南师大中国乡村振兴研究院等单位，运用融媒体对所调查图文作了多期推介，不少网友留言参加了讨论。现将现场调查部分采访者的认识，一些领导、专家和网友对湖湘宗祠文化保护利用的讨论与回应梳理如下：

李微微（湖南省政协主席）：（在《文史博览》推发的《细品湖湘宗祠文化》一文中点评）转发，大家细品，更多关注、传承、保护、活化。

黄兰香（湖南省政协党组副书记、副主席）：作者的《细品湖湘宗祠文化》这篇文章，值得慢慢品、细细嚼，令人口舌留香。

石玉珍（曾任湖南省委常委、省委统战部部长）：吉海同志退休后跑了不少地方，挖掘整理了许多历史文物资料，有意义、有价值。

袁新华（曾任湖南省政协副主席）：《宗祠文化调查启示》读后深受启发，文章作了深入思考，赞同作者的意见。作为中华文明重要组成部分，宗祠文化随着国家治理体系和治理能力现代化的进程，应该得到及时的保护、挖掘，并发挥其历史作用。希望调查建议得到有关方面的重视。《细品湖湘宗祠文化》一文，资料和数据翔实，文字优雅流畅，照片配发恰到好处。

韩少功（著名作家，曾任海南省文联主席）：湖湘宗祠文化调查说得

好，法治不能完全代替德治，国法不能完全代替家（族）规，否则成本太高，效果欠佳。“国家”这一词，显示出家与国的同构与互济，是中华民族一份特有的制度基因和文化遗产。以宗祠文化为入口，以家庭、家族、家乡为展开剖面，武吉海及其他探索者正在深度勘察本土传统的最底部，启示中华文明的赓续和再造之道。

徐克勤（湖南省委统战部常务副部长，曾任湖南省民宗委主任）：我这些年从事民族宗教工作，感到以忠孝文化为内核的民间信仰确实是抵御境外宗教渗透的主要精神屏障，中国主流社会没有被国外宗教信仰左右，一个重要原因是宗祠文化、忠孝文化在草根阶层根深蒂固。

杨顺初（曾任长沙市委副书记、市人大常委会主任）：这个领域是冷门。这是中国特色的一个重要组成部分。宗祠文化历史悠久、内涵丰富，这是中国社会基层治理不可回避的。只有直面现实、科学对待、妥善处理，才能实现国泰民安。

罗宏（广州大学教授、湖湘文化研究学者）：湖湘宗祠调查意在研究传统文化的现代转化问题，也是给国家治理寻觅文化资源，可以促进社会和谐。

陈宇翔（湖南大学岳麓书院党委书记、教授、历史学博士）：作者做的这个工作很有预见性和意义，文章写得扎实、好读。

刘祚祥（湖南省农村发展研究院副院长、长沙理工大学教授）：《细品湖湘宗祠文化》这篇文章很有价值。这段时间，我在思考县域城乡融合为什么能够成为中国下一轮经济增长的内在动力问题，最终将我的研究导向了传统文化与现代理念的融合创新，以及对由此产生的企业家创新精神与社会交易成本降低现象的探讨，这种创新精神与现象或是由于有宗祠文化传统的存在。这篇文章，丰富了我的认知。

刘珍瑜（湘西州委常委、常务副州长）：慎终追远、忠孝传家，在大变局时代，传承发扬宗祠文化的积极意义利大于弊。

魏委（曾任湖南省委宣传部副部长）：宗祠确实值得研究，其文化基因、建筑特色有许多可以传承、借鉴之处。宗祠遗产保护问题多多，需要重视、引导。

谢宏治（衡阳市关工委主任，曾任衡阳市人大常委会党组书记、常务副主任）：衡阳市有一批保护得比较好的民间宗祠，一些宗祠在“文革”结束后恢复活动，一直没有间断。宗祠文化代表着中华文化的血脉联系，它倡导的忠孝仁义、温良恭俭让，对促进社会和谐很有意义。宗祠供奉的先贤、先烈，能教育后人。宗祠的祭祖、修谱、教化，可凝聚人心。有的宗祠多年坚持捐资助学，对族中子弟考上大学的给予奖励，对贫困生给予资助。这些都是很好的善事。对湖湘宗祠文化深入研究的人不太多，其实这方面积极因素可以挖掘。宗祠文化是社会主义精神文明的重要组成部分，保护好传承好需要政府和民众、课题和专家、族群和社会有机结合。

吴乐胜（常宁市委书记）：宗祠文化在辅助基层治理上可以发挥作用。我是湘阴人。湘阴一带农村，一些村民小组都有人承头建立公厅（礼堂式公屋）。有的是利用祠堂做公厅，村民办理红白喜事，村组开展文化娱乐活动，包括调解一些村民纠纷，都依托公厅开展。一处公厅，多数是由当地有威望、辈分高、说话算数的长者或者有实力、有文化、办事比较公道的人牵头。一般的邻里纠纷、兴办公益事业，多依靠组里或屋场牵头人发动、协调解决。从基层治理现状看，常宁市财政给村支书兼村主任的月报酬为3500元，5个村主干拿村支书报酬的70%～80%。按村民委员会实行自治的要求，财政保障进一步延伸到组可能有困难。市县财政支出方面，中央转移支付在常宁市占到60%，有的县市已经占到70%～80%。国家太大了，基层治理还是要利用好先祖留传下来的优秀传统文化资源。只要在基层党组织领导下发挥好作用，宗祠文化就可以为新时代所用。

杨天兵（湖南省政协人资环委办公室主任，曾任文史博览杂志社社长）：宗祠文化形成了中华民族认同的根本，也是维护国家大一统的价值基础，更是中华文明生生不息的源头之水。

刘鸿洲（曾任凤凰书画院院长）：湖湘宗祠文化的调查文章，我反复拜读，受益多多。这篇文章可以说是我们这个时代不可多得的考察报告。有调查、有思想，有胆识去触及一般人不敢涉足的社会现实，而且图文并茂，难能可贵。

田家贵（曾任湖南省农业厅厅长、省人大财经委主任）：挖掘宗祠文化，弘扬民族精神。

杨先杰（曾任湖南省烟草专卖局局长、省政协民宗委副主任）：宗祠是我国流传的一种不忘初心的文化，是社会管理中不可或缺的方式方法。宗祠文化调查文章让我开了眼界。

董岳林（曾任湖南日报社总编辑、省人大教科文卫委副主任）：宗祠文化调查文章耐读，越读越有味。文章记录、传播了数千年的中华传统文化。

雷光华（中南大学湘雅医院院长）：宗祠和家谱是中华民族的血脉承载。

李平（湘西州政协主席）：祠堂透出许多文化气息——历史、人文、民俗、建筑、艺术等，它是农耕文明的产物，是祭祀祖先、传承家风、承载乡愁的地方。

张谨（湘西州团结报社记者）：宗祠即是祠堂，是汉民族供奉祖先和祭祀的场所，是宗族的象征。宗庙制度产生于周代。上古时代，士大夫不敢建宗庙，宗庙为天子专有。宋代朱熹提倡家族祠堂，每个家族建立一个奉祀高、曾、祖、祢四世神主的祠堂神龛。沅水与酉水通达，湘西的宗祠主要集中在河流沿途城镇等经济发达地区。外来人口众多，祠堂就产生了。在浦市、王村、里耶、所里、乾州、凤凰等地，原来有多个祠堂，如今大多消失了。武吉海先生深入湖南各地，挖掘湖湘宗祠文化的内核，对宗祠文化作出独立思考。在社会急剧转型的当下，人与历史、人与人、人与社会的关系如何和谐处理，宗祠文化具有一定的参考价值。

王匀（湖南省关工委办公室副主任）：读了湖湘宗祠文化调查文章，对曾经陌生的宗祠文化确实有了更深的认识。相比西方家族靠经济、政治的方式传承，中国家族传承更多是靠思想和文化，祠堂就是这种历史沉淀的产物，是思想、文化传承的媒介和载体。

李北川（吉首大学教授）：1997年，著名画家黄永玉73岁那年，我去凤凰给他拍《黄永玉回凤凰“充电”》纪录片时，我与他聊到中华传统文化。他说：“无论中华文化还是西方文化、世界文化，文化只有两种：一种是稳定文化，另一种是不稳定文化。所谓稳定文化，就是千百年保留下来，未来仍然会传承的优秀文化；不稳定文化就是那些已被历史淘汰，或未来会被淘汰的文化。”中华文化博大精深，有许多优秀文化确实值得传承。比如讲善良、重和谐、赞勤劳、崇团结、尊老爱幼等家教家训和宗祠文化。但是，在历史长河中，有许多中华优秀传统文化常被阶段性的历史不文明价值观伤害。比如宗祠文化，曾经就被伤害过。我们相信，有上下五千年文明史，分得清是非的中华民族，一定能将中华优秀传统文化代代相传。

石成林（曾任常德市人大常委会副主任、市总工会主席）：不简单，很有意义的事情，且具有很深的历史价值，有待于积极挖掘。

王文琪（网友）：这段时间在学习研究社会主义协商民主，关注到了协商民主对基层治理的重要性。文中提到的宗祠文化，就是源自基层、根植基层、服务基层的重要文化之一，在不少地方仍然发挥了作用。现在全国各地也有很多新乡贤的探索，部分就是通过建立类似传统家族关系的模式来起到辅助基层治理、增强基层凝聚力的作用。

宋秀华（吉首市交通运输局局长）：最近重新阅读沈从文的一些著作，原来也曾为他在新中国成立后没有文学作品扼腕叹息。但看了《从文自传》《湘行散记》等后，感受到他对湘西深沉的爱和博大的人文情怀，也理解了他在新中国成立后把主要研究方向和创作转向古代历史与文物研究，其留下的著作《从文赏玉》《唐宋铜镜》《龙凤艺术》《战国漆器》《中国古代服饰研究》等，都是传世瑰宝。读了湖湘宗祠文化调查文章，我也理解了作者专注传统文化研究与记录的情怀。

程安亭（曾任天津市国税局局长）：湖湘宗祠文化是中国传统文化的一部分，应该好好保护。随着时代变迁，城市化发展，人员加速流动，宗祠文化恐难长期延续。

张建永（教授，曾任吉首大学党委副书记、副校长）：朋友中，有才气逼人，慷慨用事者；有深谋远虑，潜心著述者；有呼朋唤友，挥斥方遒者；有脚踏实地，辛勤耕耘者。吉海大概属于第四种。他致仕之后，用了很多年在乡村行走，用镜头记录，用大脑思考，创作出大量珍贵的人类学片。他所思所想和所摄，可用“吹尽狂沙始到金”一语。

吴彦承（湖南省林业局巡视员，曾任花垣县委书记）：阅读作者的宗祠文化调查文章，开阔了眼界，受到了启发，增长了知识，此举此文填补了湖湘文化研究的一些空白。

张永中（湖南日报社社委委员，曾任凤凰县委书记）：宗祠文化是根脉，是乡愁，是民族复兴的基因。抓住有价值的东西，关注、记录、呼吁、传播，是很有意义的事情。

陈奇（曾任中国农业银行湖南省分行副行长）：宗祠文化源远流长，挖掘传承，功德无量。

姚祖清（曾任湖南省人社厅副巡视员）：在湖湘这块土地上，传统的祠堂文化确实涵盖了基层乡村诸多古老的民风习俗，具有博大精深的文化底蕴。细品宗祠文化调查文章后，这一印象更加深刻。感觉文章中的一些观点接地气，对下一步提升基层治理能力、弘扬中华优秀传统文化具有现实意义。

北冰（湖南省远景经济发展研究院院长、教授）：宗祠不仅是家族血脉流淌、连接的载体，也是乡土文化绵绵不绝的重要彰显。因从事规划工作，走访过不少的宗祠，其中留下深刻印象的是溆浦县龙潭古镇的祠堂。难以想象的是，在历经岁月沧桑和劫难后，千余座祠堂仍幸存200余座，带着一个个家族的传奇故事，傲立在青山绿水之间。

向邦柱（曾任湖南省政协副秘书长，益阳市委副书记、市纪委书记）：拜读了，受益很深。我想，宗祠是物的表现形式，其实其文化底蕴很深，源远流长。从文化的角度来讲，应该有专门的人员去研究收集，古为今用、后用，这对中华民族的复兴发展有重要意义。宗祠物态，包括里面的每一件物品，都是在体现它的文化和思想内涵。包括选地建祠，可以多思考几个为什么，也许有宗教迷信色彩，但我更看重的是它的文化内涵和思想色彩。

李壮丽（湖南省政协人口资源环境委员会主任）：这是一件很有意义的事情。探寻宗祠故迹，研究宗祠文化，挖掘中华传统文化之家族家谱文化传承的脉络，以及与社会主义核心价值观的趋同意义，为社会主义新农村建设中的精神文明建设增添一条新路径。

冯波（曾任湖南省台办主任）：中华文明能够成为全球唯一从远古延绵至今的独特文明，延绵不绝的宗祠文化无疑起到了不可替代的重要作用。

龙德忠（曾任湘西州政协主席）：一篇难得的文章，史料丰富齐全，文物真实可信。工作量和工作难度之大，足见老同志为中华优秀传统文化传承做出的努力。

龙文辉（曾任古丈县县长）：作者眼光独到，能抓住国人的文化根脉，让人在阅读中感悟中华文明的源流和传承方向，具有可读性。

周登高（桃江县县长）：有幸陪作者考察了安化、桃江两地宗祠文化。当时认识不深，更多的是寻幽探古，观花掠影而过。当然也有对文明教化之功的触动，对历史文物难存的惋惜，但未曾达到“当时代浪潮扑来时，总会有人挺身而出，保护先祖留传下来的文化遗产”的觉悟，对宗族文化流传在乡村基层治理中的利弊之辨，也未曾透彻通达。细读作者文章，感受到了自己应负的责任和使命。

曾欢欢（湖南省党史陈列馆）：我本身是学考古文物的，以前也参与过一些文化遗迹调研。进入党史系统后，没有太关注湖南的历史遗迹了。湖南宗祠建筑保存情况不算太好，气候环境是一方面，对比邻近的广东省，其最大特点是失去了本身的功能，而仅仅作为文物保护单位存在，运转保护机制比较困难。广东许多宗祠都还有祭祀功能，村镇的大家族都有人轮流照看、修缮宗祠，使得保护自然，传承有序。

廖卫果（网友）：我发现从族谱里可以看出，随着辈分的后移，每一个族群居住地基本呈现扩张和外移现象。说明随着发展，人口规模是膨胀的，原来的土地有限，造成以扩张和迁移来满足对土地的需求。但一段时间后，扩张与外移也满足不了。于是乎，导致了历史上朝代更迭的周期律。为此，我们国家的人口规模不宜盲目扩张，仍应该坚持有计划的控制。

谢子龙（湖南省摄影家协会主席、老百姓大药房董事长）：湖湘宗祠文化调查文章是很好的历史文化记录。

易小林（湖南省住房和城乡建设厅副厅长）：湖湘宗祠文化源远流长，博大精深，教化育人，功莫大焉。

邓晓东（湘西州人大常委会副主任、古丈县委书记）：调查资料扎实。宗祠文化是中华民族传统文化的组成部分，是增强中华民族认同感、凝聚力的有效载体。

杨月华（湖南省企业与工业经济联合会会长）：我先前参加了杨氏家族聚会，收到您的《细品湖湘宗祠文化》，反复拜读，感慨不已。您近6年来，从宗祠建筑遗产保护现状、宗祠文化传承在近代以来的遭际、社会转型对宗祠文化承续的影响等方面进行了深入调研，素材丰富扎实，分析客观透彻，观点新颖鲜明，可与社会主义核心价值观和新时代文化建设融合践行。

龚忠明（曾任郴州经济开发区党委书记、主任）：文章对宗祠文化剖析深刻，叙事翔实，文史价值较高，读后收获甚丰。

吴建勇（曾任中国民族证券有限责任公司长沙营业部总经理）：湖湘宗祠文化调查，探索宗祠文化对改善乡村治理、促进乡村文化建设方面的功能和价值，形成了自己的独到见解。

李志平（湘西州政协副主席）：传承宗祠文化，应积极跟进党和国家的治理方略，寻求融入国家治理体系，多做一些有利凝聚人心、有利乡风文明、有利乡村发展的善事好事。这样的文字表述，读后令人感觉舒服。

刘明（自由撰稿人）：宗祠文化在湖南源远流长，我印象深刻的是在湖南郴州汝城县乡村采访，随处可见祠堂，据说有两百多个姓氏都可以在汝城找到自己的祠堂。汝，你也；汝城，你的城市，我的根。

罗世平（自由撰稿人）：调查文章史料丰富，旁征博引。华夏香火，南人传承。宗祠文化，乡贤治理，在江南为何成为近现代人文纲常，生生不息，是每一个秉持家国情怀的国人应该深思的。民国时代的文化精英，是宗祠文化的最大受益者和坚守者。宗祠文化很有必要在新时代继承和弘扬。现在的一些越轨官员，缺的就是这些基本的敬畏。

胡勐（职业经理人）：宗祠的一砖一瓦间，蕴藏着传统文化的瑰宝，传统宗祠文化是当代文化的重要源泉，保护、发展优秀传统文化是一个民族自信的表现，是传承民族文化薪火的重要举措。在浮躁的社会状态下，沉下心来研究传统文化，殊为不易。

李湘（中国移动湖南有限公司资深经理）：调查文章对宗祠文化来龙去脉作了深度阐述和记录，以此揭开时间面纱，探寻历史真相。

罗志元（曾任邵阳市人大常委会研究室副主任）：作者对湖湘宗祠文化的挖掘深入，整理翔实，研究精微，文章信息量大，可读性强。

刘跃（网友）：邵阳市新邵县杨世村有座曾氏祠堂，还蛮壮观。建议有志于非遗保护的人士去调研拍照保存。儿时在那里看过戏。

（以上文字来源于采访、交流以及文史博览等微信公众号上的留言，整理时尽量保留原意或原话，个别地方作了梳理、润色。2022年10月8日整理）

后记

中国明清、民国时期的乡土建筑，以先祖留存的深宅大院和家族祠堂最为耀眼夺目。它们是那个时代精心打造的民间瑰宝。

这些曾经辉煌一时的乡土建筑精品，其遭际、变故及守护情况各不相同，每座都有它自己的文化内涵和精彩故事。对湖湘宗祠的文化保护利用做调查，初始是想探索它兴衰起伏的缘由，这一做就是6年多。

宗祠文化调查主要采取一次实地察看一个县市（区）一座或多座宗祠的办法，也应邀参加了一些宗祠举办的祭祖、教化、非遗传承

2016年3月，武吉海（右三）、龙颂江（右一）、张建永（左三）、陈黎明（左五）等考察溆浦县龙潭镇宗祠文化

活动。下去调查，一般在现场与宗祠管委会、理事会成员，宗祠守护者，文物管理部门及基层同志交谈或座谈，同时拍摄宗祠建筑布局、结构，书法、绘画、雕刻等艺术作品，族谱、族规及族训、祖训、家风、家教等教化资料，祭祖仪式、宗族联谊、文化娱乐等活动场景。在采访拍摄家族宗祠的过程中，我发现一些名人专祠和纪念性专祠管护得不错，便选择了部分名人专祠和纪念性专祠做了调查采访，同时，顺路考察了部分先贤、名人的故居以及他们就读的学校和长眠的墓地。6年多时间，我一共调查采访了70余个姓氏的110多座具有一定代表性的湖湘祠堂。

2019年2月，武吉海到泸溪县浦市镇李氏宗祠采访宗祠理事会的李奇才（时年80岁）

我把湖湘宗祠文化调查的侧重点放在宗祠遗产的保护利用和宗祠文化的传承上，注重深入了解守护者的作用发挥、心迹感念和他们对宗祠文化保护传承的理解与认识。

这6年多的调查采访，有过目睹宗祠建筑精美壮阔时的惊喜，有对宗祠遗产守护者赤诚奉献的由衷敬佩，也有对已成为文物保护单位的宗祠遗产遭遇损毁倒塌以致荡然无存的惋惜和无奈。

我所拍的图片重在记录和积累资料，同时尝试学习借鉴田野影像调查方法，尽力挖掘事物背后的运行轨迹。由于时间、天气和本人学养欠缺、摄影技术不佳等限制，拍出来的图片不是很耐看。有些宗祠调查过于匆忙，调研思考的深度不够。一些采访文字没有经当事人核对，恐有差误。后期图片文字的整理，尝试以图片故事的方式编辑展现，但因资料有限，难以反映湖湘宗祠遗产保护传承的全貌。1000余张图片及7万多字的采访调查资料、随笔的汇总编辑，在篇幅处理上，采访内容丰富的宗祠，图片、文字安排得多一点，内容单薄的少编一些，具体到市县，显得不是太平衡。主观意愿是想通过捕捉、留存宗祠文化遗产保护传承的历史瞬间，使图片尽可能地反映历史真实

2019年9月，龙颂江、武吉海、田家贵、梁秋松（左起）在浏阳市大围山镇李氏宗祠采访

图书在版编目（CIP）数据

湖湘宗祠 / 武吉海著. —长沙：湖南美术出版社, 2022.12
ISBN 978-7-5356-9952-7

Ⅰ.①湖… Ⅱ.①武… Ⅲ.①祠堂－介绍－湖南 Ⅳ.①F928.75

中国版本图书馆CIP数据核字（2022）第233937号

湖湘宗祠

HUXIANG ZONGCI

出 版 人：黄　啸
著　　者：武吉海
责任编辑：王管坤
特邀编辑：阮冉明
责任校对：徐　盾　伍　兰　侯　婧　何雨虹
出版发行：湖南美术出版社（长沙市东二环一段 622 号）
经　　销：湖南省新华书店
印　　刷：长沙玛雅印务有限公司（长沙市雨花区环保中路 188 号）
开　　本：787 × 1092　1/16
印　　张：32.5
版　　次：2022 年 12 月第 1 版
印　　次：2022 年 12 月第 1 次印刷
书　　号：ISBN 978-7-5356-9952-7
定　　价：149.00 元

邮购联系：0731-84787105　邮　编：410016
网　　址：http://www.arts-press.com/
电子邮箱：market@arts-press.com
如有倒装、破损、少页等印装质量问题，请与印刷厂联系斢换。
联系电话：0731-82787277